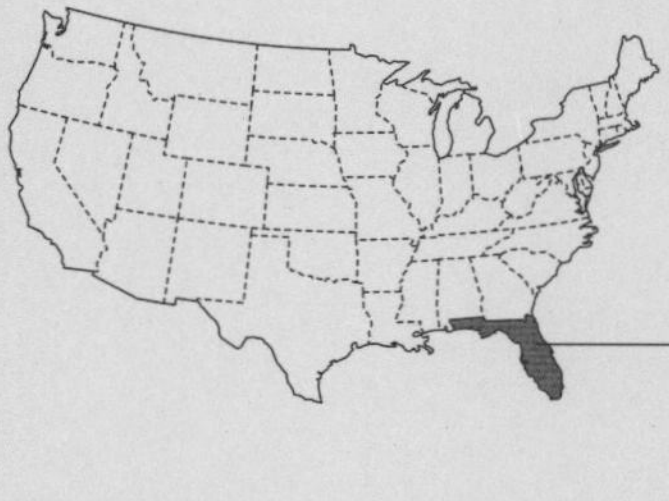

フロリダ・イースト・コースト鉄道作成のフロリダ半島地図

太線は、1926年のフロリダ・イースト・コースト鉄道を示している。

この中には、キーウェストまでの海上鉄道やハバナ（キューバ）までの蒸気船のルートなども含まれる。

［©Flagler Museum］

大和コロニー

フロリダに「日本」を残した男たち

Yamato Colony:
The Men Who Left "Japan" in Florida by Ryusuke Kawai

川井龍介

旬報社

異国へ渡った冒険者たちに捧ぐ

プロローグ――ヤマトロード

カナダ国境からフロリダ半島のマイアミまで、アメリカの東部を三〇〇〇キロ以上にわたって南北に走るインターステイト・ハイウェイ95号。北から南へいくつもの州を越えていくと、最後にフロリダ州に入る。ほとんど起伏のない車線が大西洋岸にほぼまっすぐにつづく。

一九八六（昭和六一）年のいつだったか、フロリダ州中部太平洋岸のまち、デイトナビーチからマイアミに向かって、私はエアコンのない古いフォルクスワーゲン・ビートルでこの95号を南下していた。五時間ほど走り、あと一時間くらいかと、つぎつぎに現れる道路標識に目をとめていた。近づくまちの名前や接続している道路名が書かれている。そのなかでおやっと思える文字が目に入った。

「Yamato Rd」

アルファベット表記の地名を、ハイウェイを走りながら即座に認識するのは私には難しかったが、たしかに「Yamato＝ヤマト」と読めた。ヤマト・ロード？　ハイウェイと交差している道への案内だ。日本語のヤマトだろうか。まさかそんなことはないだろう。西海岸ならともかく、日本とはほとんど縁のないアメリカの南東部の果てに、日本に関係したものなど……。

当時私は、フロリダ州にある地方紙で一年間、研修をしている最中だった。研修といっても名ばかりで、決まったスケジュールがあるわけではなく、デイトナビーチ・ニュースジャーナルという新聞社に籍を置いて、パームツリーなどに囲まれた広い敷地のなかの二階建ての新聞社を拠点に、リタイア後の〝楽園〟として知られるこの州の老人ホームを訪ねたり、パトカーに同乗して麻薬の取り締まり現場などを日々見て回った。

研修先としては他州にも候補地があったが、フロリダを選んだのは、どうせ暮らすなら、できるだけ日本と縁のなさそうなところが新鮮だろうと思ったからだ。

マイアミまでドライブしたのは、すでにデイトナビーチに来て何ヵ月かたったころだった。私の滞在目的が、草の根アメリカを見てやろうということだったから、日本的なものが目に入らなかったのかもしれないが、この間「日本」や「東洋」を感じる機会はまずなかった。強いて言えば日本食レストランの経営者やアメリカ人と結婚してこの地にいる婦人に何人か会うことぐらいだった。

ただ意外なことに、年長のコラムニストから、「昔、デイトナにオオヤマっていう日本人がいて、ビーチでカーレースを企画していたんだ」という話を聞いたことがあった。デイトナビーチは国際的なスピードウェイで知られるまちでもあるが、当時は特段カーレースに興味もなかったので、そんなことがあったのか、とただ半信半疑で聞き流していた。

オオヤマの話は、それきりになってしまったし、「ヤマトロード」のこともいつしか忘れてしまった。

それから数年経ち再びフロリダを訪れたとき、マイアミに近い南フロリダに、「Morikami（モリカミ）」という日本人の名を冠した公園があることを知った。園内には日本文化にかかわる博物館もつくられているという。モリカミなる人物が寄贈した土地をもとにつくられた公園だそうで、驚いたことに、そのモリカミほか何十人もの日本人が、二〇世紀の初めに、日本からこの地に来て、ヤマトというコロニー（入植地）をつくったという。

あのヤマトロードは、そのヤマトから由来していると推測できた。しかし、またどうして、ビーチリゾートが随所に広がるような南フロリダに、明治時代の日本人たちはやってきたのか。彼らは何者で何の目的で、どうやってここまで来たのか。そして、何が行われ、最後はどうなったのか。

全米のなかで、できるだけ日本とかかわりがなさそうなところへ行こう。そう思っていた私は、こんなところにいた今から一〇〇年以上前の日本人たちのことがそれ以来、徐々に気になりだした。同じころ、日系アメリカ人のことに興味を抱いたことも手伝って、少しずつ彼らの足跡を追ってみた。

すると、アメリカの発展とフロリダの開発という大きなうねりのなかに、夢を描いて飛び込んでいった若き日本人の姿が浮かび上がってきた。多くが知性と教養、そして財産のある者たちだった。だが、最後に残ったのは森上助次というひとりの〝農民〟だった。

もくじ

カバー表：I-95と「Yamato Rd」の道路標識［撮影：川井龍介］
カバー裏：トラクターで畑に出かける森上助次［撮影：諏訪徹（Akira Suwa）］
表紙：モリカミ・パークの日本庭園［撮影：川井龍介］
扉：上／鉄道近くの荷造り所と男たち［©Morikami Museum and Japanese Gardens］、下／トラクターで出かける森上助次［撮影：諏訪徹（Akira Suwa）］

※　引用した出版物のなかで本来旧漢字が使われているところを新漢字にかえているところがいくつかあります。また、読みやすさを考慮し、句読点を入れた箇所があります。
なお文中、敬称を一部略させていただきました。

第一章　失恋から渡米

一九〇X年　丹後半島、天橋立

静かな湾の上をほぼ南北に、三・六キロにわたる松林の帯が橋になって架かる。この奇勝は古来より天橋立といわれ、「大江山　いく野の道の　遠ければ　まだふみもみず　天の橋立」と、小式部内侍が詠んだ有名な和歌のなかにも登場する。

「恰も、海中に橋をわたせるが如し」、「日本三景の一とするも宜也」と言い表したのは、元禄二（一六八九）年に、丹後半島を訪れた儒学者、貝原益軒だった。

京都府の北部に位置し、日本海に突き出た丹後半島。その付け根に食い込むような形で広がる宮津湾を跨いで南北にのびる砂州、それが天橋立である。

白砂青松と海がつくりあげた、いかにも日本的美を形にしたこの絶景を見下ろせる好位置は周囲にいくつかあるが、そのなかで地元の人だけが知る場所がある。宮津市の市街地から南西方向

天橋立と宮津湾［1922年以前、宮津市立図書館提供］

に入った金引山のあたりもそのひとつだ。昔から霊峰の名もある高さ二六五メートルのこの山は、頂上に南北に長い巨岩が顔をだし、その東面には、お題目が彫られていることから通称題目山とも呼ばれ地元では親しまれていた。

日露戦争が終わって間もないころ、その題目山あたりの林道を若い男女が連れだって歩いているのを地元の人に目撃されたことがある。男は森上助次といい、女は鬼沢はつという。助次は山道から少し下った滝馬という集落の農家の長男で、明治一九年生まれだからこのとき一八、九歳。地元の尋常高等小学校を出たあと農学校で学び家業の農家を継いでいた。目尻の下がった優しい顔つきで、小柄だが身体つきはしっかりしている。

一方のはつの家も同じ滝馬で、助次の家から少し下ったところにある。助次より五つ若いので一三、四歳。背が高くすらりとし、きりっとした顔立ちの少女だった。一四歳だとすれば、宮津女子裁縫講習所に通っていたかもしれない。この講習所が明治三九（一九〇六）年六月に、この地区で初めての高等女学校となる与謝郡立高等女学校（大正一二年に京都府立）へと形を変えると、はつはこの女学校の第一期生として入学した。

当時の滝馬は与謝郡城東村にあり、隣接する宮津はまだ同じ与謝郡の宮津町といっていた。旧宮津藩の城下町である宮津のまち中を流れる大手川を二キロほど南西に遡り、支流のヒジリ川に沿って上がったところの傾斜地に滝馬の集落はまとまっていた。見晴らしのいいところに滝馬神社が位置し、さらに上っていくと、金引の滝に行き着く。老松や杉に囲まれ、四メートル近くの断崖を、幾筋かに分かれ水は飛沫をあげ落ちる。滝壺の周辺は、夏はひんやりとして心地よく、地域では知られた憩いの場でもあった。

この滝へ着く手前を右の林道に入ると金引山に通じ、近くにはちょっとした広場ができている。幼いころの助次ら近所の子供たちにとってここは相撲をとるなど絶好の遊び場だった。助次とはつは、このあたりからさらに奥に歩いて行ったらしく、帰るのが遅くなってしまったことがあった。家族は心配のあまり〝祈祷師〟に頼みに行こうかとおもったほどだった。

幼なじみとはいえ、当時、若い男女が肩を並べることに世間の目は厳しかった。このころ宮津中学の男子生徒が、女学校の生徒を宮津の船着き場まで送っていっただけで学校から処分されたほどだった。

人目を憚っていた助次とはつにとっては、冷や汗をかくような出来事だったろう。助次はあるときはつに結婚を申し込んだ。美人で知られたはつに思いを寄せる者はほかにもいたので、助次にしてみれば、思い切って気持ちを込めた求婚だった。しかし、大工の棟梁をしていたはつの父親は、助次が農業を生業としていることから反対した。助次の願いは門前で断たれてしまった。

アメリカで一旗揚げる

失意の助次に、同郷のある男性が「友人がアメリカでパイナップルを栽培している。雇ってもらえると思うが、行ってみないか」と、移住話をもちかけてきた。日本からアメリカのフロリダ州へ組織的に入植する事業のメンバーとして、現地で農業に従事しないかというのだった。

小さな農家の森上家には、助次を海外に出す余裕などなかったが、費用は貸与してくれるという。

一九〇六年に発刊された「最近渡米案内」には、アメリカに渡航するには、船賃（三等）が六六円、上陸のための見せ金が一〇一円、服装費四五円、横浜滞在費五円、船中雑費六円、合計二二三円かかるとあった。

入植事業に従事するにあたって、助次に示された条件は、次のようなものだった。渡航費用など実費として三〇〇円を貸す。現地で三年間この入植事業のために働けば借金は清算される。〝ボーナス〟として五〇〇ドルを支払う。一ドルが二円ほどの時代だから三年で約一〇〇〇円の収入になる。小学校の先生の月給が十数円、農家の月収が三、四円という時代、金額だけ見れば魅力のある話だった。

ボーナスを支払うのは、この入植事業の資金提供者である沖光三郎という実業家だった。沖は、丹後半島中央に位置する峰山町で、生糸・縮緬業を営んでいた。丹後地方では江戸時代中期より縮緬産業が発展してきて、明治期にはいくつもの商店が店を構えていた。光三郎は兄の利三郎とともに沖商店を立ち上げ、京都市内の商業の中心地である室町にも店を構えるほど成功し資産家となった。

有力な輸出品である生糸を扱い、海外の経済動向と密接に関係する生糸相場を掌握する縮緬産業を担うものは、海外への関心も高く、多くの実業家を輩出した峰山町からは縮緬織物の行商でアジア各地へ回るものもあった。

この光三郎の義弟に酒井醸という若者がいた。宮津藩の藩士を父に持つ醸は、当時、発明家であり実業家でもあるトーマス・エジソンに憧れてニューヨークのマンハッタンにあるニューヨーク大学で実業家を目指し学んでいた。彼がこの入植事業の発案者である。

実家でほそぼそと農業を営んでいた一九歳の助次には、入植の細かい事情は分からなかった。また、フロリダという地名は聞いたこともなかった。しかし、日ごろから地理には興味のあった助次は、それがすぐどんなところか調べると、一農民として「行ってみたい」と手をあげた。

森上の家の経済事情は苦しかった。明治二五年、助次が六歳のときに祖父が建てた実家は、立派な柱や梁が組まれ、昔ながらの建具を設えた風情のある平屋だった。しかし、当時建築費を払うのにかなりの借金をし、その借金のかたに田畑の大半を失ってしまった。無理して建てた蔵のなかはいつも空っぽだった。父親の大切な酒を盗み飲んだ時、あるいは喧嘩して友人を川に投げ込んだ時、助次はこの蔵に投げ込まれたことがあったから知っていた。

助次が物心つくころには実家は小作をしていて、食べていくのがやっとだった。作柄が悪いときは、年の暮れに借金が払えず、父親が五円の借用書を書いたのを十代の助次は覚えていた。

長男の助次は「家運を上げよう」と、仕事に打ち込んだ。しかし、その熱意は空回りしたようで、助次は自分が両親からは疎まれていると感じることがあった。親とそりの合わない彼を親不孝者と苦言を呈する村の人もいた。こうした状況のなかで持ち掛けられた五〇〇ドルは助次にはずしりと重かった。

しかし、フロリダ行を決めたのは、単に五〇〇ドルに惹かれただけではなかった。滝馬という田舎で農業に従事してきた助次には、なにか事業をしてみたいという夢があった。たとえば、地元でいくばくかの土地を手に入れ、そこを果樹園にして、桃をはじめさまざまな果物を栽培し、シベリアや満州、中国、そして韓国などに輸出することだった。だが、その夢は日露戦争によってひとまず不可能になったと諦めた。

その代わりというわけではないだろうが、助次にとってアメリカ行きは大きな夢に見えたようだ。数年働いて一〇〇〇円を稼ぐ。そしてなによりアメリカで思い切り農業に打ち込み、成功して故郷に帰り、今度こそはつの父親に結婚を認めてもらう。渡米を前に、心に誓った助次だった。

移民熱に浮かれる日本

助次が渡米を決めたころ、海外移住を志す日本人の数はピークに達していた。もっとも早く移民がはじまったハワイへは、開国後の一八六八年から一九三〇年の間に約二三万人、またアメリカ本土へは一〇万七〇〇〇人余にのぼっている。このうち日露戦争前後の一九〇〇年から一九〇八年にかけては、六万四〇〇〇人以上が渡米した。

日本人の海外渡航を振り返れば、日米和親条約（一八五四年）によって長い鎖国の束縛が解かれ、日本人はようやく海外へ渡航できるようになった。勉学のため、生活のため、あるいは一攫千金を夢見て、ハワイをはじめアメリカ、カナダ、メキシコ、ブラジル、ペルー、オーストラリア、東南アジアなど、さまざまな国と地域へと堰を切ったように出て行った。

アメリカ・ハワイへは、かつてはジョン万次郎やジョセフ彦蔵のように、漂流の果てなどに偶然アメリカに移住した例がある。また、外国船に船員として雇われた者や売春目的で連れて行かれた女性たちもいた。

これらとは別に自らの意志でまとまって移住した例としては、一八六八（明治元）年にハワイへさとうきび農場の労働者として移住した一五三人が最初である。日本の移民史の世界では「元年者」と言われる人たちだ。この事業を企画したのは、ハワイ王国駐日領事のユージン・ヴァン・リードという人物で、彼の募集に応じた日本人の渡航は、明治政府の許可を得ないまま実行された。

同じく、許可なく渡航した例としては、戊申戦争後の一八六九（明治二）年に、敗れた会津藩のなかからカリフォルニアに向かった一団があった。全容が不明で謎の多いこの集団渡米計画は、藩の軍事顧問などの任にあったオランダ国籍のプロシア人、ヘンリー・シュネルが計画した。

彼は日本人十数人（数十人ともいわれる）をつれて渡米、サンフランシスコから内陸に向かってゴールドラッシュで湧いた地の近く、現在の州都サクラメントから少し奥に入ったところに入植し、「Wakamatsu Tea & Silk Farm Colony（若松コロニー）」と名付けた農園の建設をはじめた。だが、二年足らずで計画は行き詰る。

シュネルは、金策のために日本に戻ると言い残し姿を消した。しかし二度と戻っては来ず、言葉もわからぬ会津人は置き去りにされたまま、近くの農園主に雇われるなどして糊口をしのいだ。そのなかでひとり、おけいという女性がいたのだが、病に倒れ一九歳で亡くなった。不憫に思った仲間が、彼女の墓石を立ててやった。これが「おけいの墓」として残り、のちにコロニーの歴史を世に知らせるきっかけになった。

話をハワイに戻せば、ハワイでは砂糖プランテーションで働く海外からの労働者を必要とし、ハワイ政府は、日本に対して農場労働者としての移住者を募ってほしいと強く要望した。農村の疲弊と人口調整の必要から日本政府はこれを受け入れ、両国間の了解のもとに「官約移民」として、八五年から九四年までの間に日本から三万人近くが移住した。

その後、海外移住に関しては、民間の移民会社がいくつも登場して、受け入れ側と日本人の間に立って移住を斡旋するようになった。移住希望者は前渡し金をもらい、代わりに就労年限を決められるといった、拘束力の強い私的な「契約移民」が主流になった。

しかし、これは非人道的であるとしてアメリカ側が禁止し、また、契約内容と現地の実情が異なり、移住者が被害を受けるといった問題がでたため契約移民は廃止された。ただ、実際は移民会社や船会社の代理人などが移民の募集を呼びかけ続けていた。

このあと契約移民に代わって主流になったのは、移民会社などを介しての個人の移住である。移民熱に呼応して、移民取扱人（会社など）は雨後の竹の子のように登場。人を動かせば手っ取り早く金になるのは、今も昔も変わりない。しかしこうした会社のなかには、必要以上の手数料を取るなど、問題業者も多く出たため、国は移民保護法（明治二九年）を制定して規制にあたった。

個人的にアメリカに渡った人たちは、とりあえずアメリカに上陸してから同郷の者や親戚を頼ったり、就労の斡旋をする同胞の伝手で仕事に就いたりした。労働者として雇われる場合の仕事はさまざまだった。農場や鉄道工事現場、水産加工場や製材所、また、鉱山などで働き、このなかには資金をためて食品店やホテルを経営したり、美術品を取り扱うなどの商売をはじめる者もいた。サンフランシスコなど太平洋岸では、ハウスボーイとして、働きながら学校に通う若者も数多かった。

これだけの移民が日本で生まれる背景には、地租改正などによって農民の生活が苦しくなったことがある。アメリカで働けば、賃金は少なくとも日本の数倍になり、自営業をはじめてもより多くの収入を得られるという話が広まった。加えて、先陣を切って渡米した同郷人の成功譚は、さらなる渡米へと人々の気持ちを駆り立てた。

出版物も移民熱を盛んに煽った。『渡米案内』(一九〇一年)、『米國渡航案内』(一九〇二年)、『海外出稼案内』(同)、『新選渡米案内』(一九〇六年)といった、渡米を奨励し情報を提供する案内書や、実用的な西洋料理の作り方を紹介した本など関連本が相次いで出版された。

移民を奨励し、サポートする団体も設立された。アメリカで留学や労働経験があり、また農園をつくる事業計画にもかかわった社会主義者の片山潜は、一九〇二年に「渡米協会」という団体をつくり、移民のための記事、情報を発信した。また、キリスト教の牧師でもある島貫兵太夫は「日本力行会」を組織して渡米を熱心に奨励した。

片山潜は、『渡米の秘訣』のなかで、渡米の意義とアメリカという国の魅力について語っている。

「……何故に若く渡米希望者多きか是れ渡米の利益に依るなり、我が同胞が北米に行き往々其目的を達し得たるにあり、学問の目的を以て渡米せる者は之を為し得て余りあり、技芸を修めんと欲して渡米せる者また之を習得して帰国し、蓄財を以て目的とし渡米せし者之が目的を達し帰国する者続々として是れあり、人生の目的は北米に於いて達し得ざる者なきが如し、是れ二三十年来の実験に徴して然るなり、……」

アメリカに行けば、学問、芸術・技術、ビジネスといったいかなる目的も達成できる、といわんがばかり。片山自身、無一文でアメリカに渡り、働きながら学位を取得したことで、これが実証されているといいたいようだ。

また、資本のない者でも成功できるという例を、石油王ロックフェラーなどの名を挙げて、それを可能にする社会の仕組みがあると訴える。

「彼の鋼鉄トラストの社長シュワブは洗濯屋の小僧より成上りし者なり、ロックフェラー何者ぞ、其始めは一個商店の番頭のみ、彼の仕立職より起って大統領となりしあり、エヂソン氏は鉄道列車新聞小僧より仕上たる人なり、一面より云えば北米の青年は皆な無一物より其生計を始む是れ其社会組織の然らしむる所なり、……」

渡米雑誌など出版物には、渡米に関係のある広告がにぎやかに並んだ。紳士服、靴、帽子をはじめ「船に酔はぬ薬―渡米諸氏必携の良薬」と船酔い止めの薬広告や、「米國式クック練習」なる料理教室の案内もある。「弊店は米國及び布哇等に向て初渡航諸君の御便宜を計り……」とあるのは、渡米航路の出発地のひとつ、港町、横浜の旅館である。

これらは、働きながら学ぼうという苦学生向けが中心だったようで、渡米の意義について語るだけでなく、旅券の申請の仕方や船賃をはじめとする渡航費用、また、アメリカで日本人が就くことができる仕事や基本的な英会話など、実用的な情報をこと細かく提供している。

渡米の動機のなかには、数は少ないが、政治上の迫害から逃れるためや、日清・日露戦争で多くの戦死者が出たことを恐れて徴兵を忌避するため、さらに差別などの社会的な圧迫からの逃避もあった。

農家では、長男以外は食えないから海外に出る、とよくいわれるがそうとも限らない。長男が、あるいは父親と長男がそろって出稼ぎ移民として渡米する例はいくらでもある。父、兄の成功を知り呼び寄せられる例は一般的だ。

助次も長男ではあるが、農業の夢をもち、さらに成功して故郷に錦を飾って、見返してやるという意地と熱意が心底にあった。しかし、日本からの高まる移民熱の一方、助次が渡米を決めたこのころのアメリカ西海岸では、すでに急増する日本人移民への反発から排日の気運が高まっていた。日本政府も移民制限に乗り出したが、排日の動きはおさまらず、一九〇八年には日米政府間で移民制限に関する紳士協約が合意に達した。幸い、助次はその二年前の一九〇六（明治三九）年に渡米のため旅券を申請し、下付された。

明治政府とハワイとの取り決めによる官約移民がはじまった明治一八年以降、移民の増加とともに旅券の発給は急増した。助次が渡米しようとしたころは、移民については行政庁の発行する渡航許可証が必要で、旅券申請には二人以上の保証人が必要だった。

助次は、京都府庁に旅券の申請をした。「森上助次、平民、戸主」と記し、旅行地名は北米合衆国、目的は「農業従事」とした。保証人として名を連ねたのは、地元滝馬の名士である楠田安左右衛門と倉橋倉蔵ら五人である。

旅券を手にすると、出発は一九〇六年春と決まった。助次は宮津を去る前、最後にもう一度はつに会うことにした。旧藩時代から宮津の街の中心地としてにぎわう本町通りで落ち合い、アメリカ行きを知らせて別れを告げた。

出航——太平洋を越え、大陸を越え

助次の父は竹造、母はそよといい、二人の間には長男の助次をはじめ四男二女の子供六人がいた。助次が渡米について両親をどう説得したのか、あるいは説得できずに家を出たのかはわからない。

助次が一九歳で家を出るとき末の弟の米治はまだ五歳だった。家の近くの石燈籠のまわりで助次はよく米治を遊ばせていた。米治が、ときどき燈籠の近くの石段を上ってはうまく降りられないのを、助次はひやひやしながら見ていたものだった。

助次になついていた米治は、兄がどこか遠くへ行ってしまうのが分かったのだろうか、出発の朝、泣いて追いすがった。そんな米治に、

「ニイ（助次）のことは、直（じき）に戻ってくるから泣くな」

と、助次は言い聞かせた。このときの米治の泣き顔はいつまでも助次の脳裡に残っていた。

一九〇六年当時、香港とアメリカ西海岸とを結ぶ航路があった。香港を出た船は、上海を経て、門司、神戸、横浜に立ち寄ると、太平洋を渡ってシアトルあるいはサンフランシスコに向った。助次はシアトルへ向かう船に神戸から乗船する予定だったが、その前に目の治療などのために京都市内に逗留した。トラホームなど伝染病を持つものは、アメリカに上陸できなかったからである。

たいていの移民は、あまたある民間の移民会社に渡航の手続きや、出発前の宿の手配などを任せていた。渡航する人数は多く、乗船日が前もって確定できることはなかったので、渡航者は出発前の何日間かを過ごすため神戸や横浜の数ある移民宿に逗留するのが常だった。

一九〇六年三月、一ヵ月ほど京都に逗留した助次は、目の治療の合間、わずかだが京都のまち

を歩いてみた。後になってみれば助次にとって、京都滞在は最初で最後の日本での旅だった。目の保養にと嵐山へ桜を見に行くと、すでに花は散っていて、青葉が瑞々しかった。近くの川で女性たちが盥《たらい》に水を張り野菜を洗っている。京都の野菜は見るからに立派で値段も高かった。が、母親の作った野菜ほどの味はないと感じた助次だった。

京極へも足を運んでみると、予想したほどのにぎやかさはなく、余分な金も持ちあわせてなかったので素通りして終えた。唯一、京極のはずれにある焼き芋屋へはたびたび出かけ、二、三銭で大きな袋いっぱい焼き芋を買った。そのほかの余った時間は、たいてい宿の近くの古本屋でつぶした。

助次は子供のころから本を読むのが好きだった。秋の夜長には、囲炉裏に松の丸太をくべて暖をとり、幼い米治を背負いながら丸太の燃える灯りで冒険小説を読みふけった。家には石油ランプが一つあったが、その灯りの下では父母が夜なべ仕事をしたので、そうして本を読むのが習わしだった。

古本屋の女主人は、助次が立ち読みばかりしていても嫌な顔ひとつしない人だった。いよいよ京都を去るとき、助次はここで日本の歴史をつづった大冊や、もっとも好きだった『浮城物語』など冒険小説を買った。

矢野龍渓の書いた『浮城物語』は、海外に目を開いた時代の新しい冒険譚であった。夢を描いて海外へ旅立った日本人青年が、海賊から奪った浮城という船でやがてインドネシア、ジャワの民族独立運動に協力するといった大胆な展開で、日本海軍の練習船がマゼラン海峡の近くの孤島に漂着、練習生たちが島の娘と恋に陥る、といった話に助次は胸を躍らせた。

支払いを済ますと助次は、顔なじみになったその女主人に「これからアメリカへ行くんで、船の中で読むんです」と、告げた。その佇まいになにかさびしさを感じたのか、彼女は、「まあ」と言って、涙ぐんだ。

助次の乗る船は、信濃丸という貨客船（総トン数六三八八トン）で、日本郵船が一八九六年から開業した香港―日本―シアトル間の定期航路を行き来していた。助次が渡航する三年前の一九〇三年には、この船で作家永井荷風がシアトルまで航海している。しかし、日露戦争がはじまると、仮装巡洋艦として軍に徴用され、その重責を果たして有名になった。

というのも、哨戒中にバルチック艦隊を発見して連合艦隊に発信したのがこの信濃丸だった。連合艦隊はこの情報をもとに大本営に、「敵艦隊見ユトノ警報ニ接シ連合艦隊ハ直チニ出動、コレヲ撃滅セントス。本日天気晴朗ナレドモ浪高シ」と、歴史に残る打電をした。歴史好きの助次はおそらくこのことを知り幸先よしと思っただろう。

一九〇六年四月八日朝、冷たい雨が降るなか、助次らを乗せ信濃丸は横浜港をあとにした。しばらくして船が伊豆大島近くにさしかかったとき、突然雲の上に富士山の雄姿が現れたのを助次は見た。そのとき思わず、「白扇倒（さかしま）に懸かる東海の天」という詩を思い出した。徳川の旗本をつとめた石山丈山の七言絶句の詩「富士山」の一節だ。旅の門出に目にすることができた霊峰のシルエットは助次の脳裡に焼き付いた。

一般に移民で乗船する人は三等に集まる。この間ほとんど船室にいて、何時間かに一度、甲板にでる。助次も三等船室の客だったが、船内でひとりの二等船客の日本人青年と顔見知りになり、最後はデッキにでてはお互いの靴を磨き合うほどになった。

どこかの裕福なお坊ちゃんのようで、アメリカ大陸経由でイギリスへ留学する途中だという。船がシアトルに着く二、三日前に、助次の靴が片方、突然底が抜けてしまった。乗船する直前に神戸で二円五〇銭をはたいて買ったものだったが、よく見れば靴底は厚紙でできている粗悪品だった。

靴無しでは仕方ないので、シアトルに到着するなり、英語のわからない助次はこの青年に頼んでさっそく靴を買ってきてもらった。早くも金を使ってしまい心細くなる。おまけに助次にとってはこの靴はやけに細長く、やっと足を入れると三寸くらい指先に隙間ができて、そのうち平たく細長くなってしまった。助次は、写真で見たイタリアのヴェニスの水辺に浮かぶゴンドラのようだと笑った。助次のアメリカ上陸はこんなあわただしさのなかで過ぎた。

すでに移民たちによってにぎやかな日本人コミュニティーができあがっているシアトルのまち

で、アメリカに慣れる間もなく、助次は太平洋岸から大西洋岸へと向かう列車に乗った。

アメリカでは、一八四〇年代末からのカリフォルニアでのゴールドラッシュをきっかけに、いわゆるフロンティアを目指してすでに人々が西部へと流れ込んでいた。そのための交通手段として、大規模な鉄道開発がはじまり、大陸横断鉄道も五つのルートにわかれて建設され、全米中にすでに鉄道網ははりめぐらされていた。そのうち太平洋岸でシアトルを起点とするのは、一九九三年に開通したグレート・ノーザン鉄道で、日本郵船とも提携してシアトルから東へと乗客を呼び込んでいた。

西海岸に沿って南北に連なるカスケイド山脈を越えて、中西部のミネソタ州セントポールへつながるこの大規模な鉄路の建設にあたっては、はじめは中国人が、そして中国人移民が禁止されてからは、多くの日本人も工夫として、地面を切り拓くような難工事に従事していた。助次は、過酷な自然と労働条件の下で同胞たちが敷設した鉄路の上を東へ、そして南へと揺れていった。

第二章　富豪のフロリダ開発と入植計画

急速に拡張するアメリカ

助次たちがフロリダに入植するよりおよそ半世紀前の一九世紀中ごろ、アメリカという国家は、急速に領土を拡大していった。インディアンを力づくで排除し、土地を獲得していった。隣国との関係では、もともとメキシコが領有するテキサスで起きた独立の戦い（アラモの戦い）をきっかけに国境をめぐってメキシコと戦争し、これに勝利するとそれまでメキシコ領だったカリフォルニア、アリゾナ、ニューメキシコを手中に収めた。そして、一八六七年にはロシアからアラスカを買い取り、九八年にはハワイを併合した。

インディアンを完全に制圧して西部開拓を果たしてからは、大陸横断鉄道をはじめとした鉄道網によって国内市場を拡大し、農業国から一気に工業国へと姿を変えてヨーロッパ先進国を追い越した。資本主義は急速に拡大し、物質的な豊かさや富が誇示された。

こうしたフロンティアの拡大と工業化にともない、ヨーロッパから続々と移民が流入した。その流れは、まずはイギリス、ドイツなど北・西ヨーロッパからはじまり、二〇世紀になるころには東・南ヨーロッパからに変った。

大西洋を渡った彼らは、ニューヨーク湾に入り自由の女神をながめ、移民局のあるエリス島に集められ入国を果たす。一方、太平洋の向こうからは、中国や日本などからの移民がやってきた。これらをあわせるとその数は、一九〇〇年から一〇年間で八七九万人にのぼった。

人々は都会にとどまらず大陸のさまざまな土地へと移動し、とくにこれまでフロンティアだった西部には、国内外から新天地を求めて移住してくる人間がつめかけた。これに対して南部の諸州、たとえば日本の国土の一・八倍もの土地を抱えるテキサス州や人口密度の低いフロリダ州の開発は遅れていた。このため州政府は移民を積極的に受け入れ、開発に力を入れた。

フロンティアとしてのフロリダ半島

アメリカ合衆国の地図を見ると、南東部に垂れ下がっているのがフロリダ半島で、西はメキシコ湾、東は大西洋に接し、南はカリブ海に向かって突き出でいる。その突端からは南西方向に、転々と飛び石のようにフロリダキーズという珊瑚の群島が、三二〇キロにわたって延び、最後にキーウェストという島に行きつく。ここまで来ると、一五〇キロ先に浮かぶキューバの島影が見える。

半島といっても日本の北海道を除いた全土に等しいほど広大なフロリダは、州北部には低い丘陵地帯があるものの、中部から南にかけてはほとんど平らで、標高は最も高いところで一〇五メートルしかない。

半島の南部に円く水を湛えているのが、全米最大級の湖であるオキチョビー湖で、その南には巨大な湿地帯として有名なエバーグレイズが五〇〇〇平方マイルに渡り広がっている。さらに南のフロリダキーズの島々や海岸線には、マングローブが群生し森をつくっている。

アリゲーター（ワニ）、ヘビ、トカゲなどが棲み、大小いくつもの川がゆるやかに蛇行し、澄んだ水域には人魚伝説のモデルでもある哺乳類マナティーが姿を現すことがある。砂っぽい大地からは松やヤシの木が伸び、視線を落とせば、刀のように伸びた葉が扇状に広がる灌木が茂る。

曲がりくねった樫の木などの枝に蔦やボロ切れのようなスパニッシュ・モスがからみつき、垂れ下がる様を月明かりが照らすと、不気味なことこの上ない。蚊、蝿、蝶、蛾、さまざまな虫たちが飛び交い、虫が家畜を襲い、馬は開いた口に虫が詰まって窒息することもあったという。

緑濃くじっとりと湿り気があり、豪雨と雷雨が訪れ、さらにハリケーンに見舞われるのがフロリダだった。

もともとは他のアメリカ本土と同様、フロリダ半島には原住民（ネイティブ・アメリカン）しかいなかった。そこに外部から最初に足を踏み入れたのが、スペイン人ドン・ファン・ポンセ・

デ・レオンの一団だった。彼らがスペイン王の命令で植民地開拓のためバハマ諸島を探検している最中の一五一四年のことである。

彼がこの地をフロリダと名付け、半島中部の大西洋岸に上陸した。この場所は、のちにセントオーガスチンと呼ばれ、半世紀後にはここでスペイン人による本格的な植民がはじまった。一六二〇年にイギリスからピルグリム・ファーザーズの一団が、ボストン近くのプリマスにたどり着くより数十年前の話で、セントオーガスチンには、学校や教会が建てられ、スペイン風のカソリックのまちができあがっていった。

このあと、フロリダの領有権は二転三転する。まず、ヨーロッパでの七年戦争に並行して北米で展開された英仏間の植民地戦争（フレンチ・インディアン戦争＝一七五五～六三年）によってフロリダは一時イギリスに割譲される。

しかし、再びスペインが領有。ところがその後国力の衰退によって、結局一八二一年スペインはフロリダを放棄しアメリカが領有を宣言した。

アメリカ人は徐々にフロリダに入植し、その数は増えていく。すると、もともと暮らしていたセミノールと呼ばれるインディアンの存在が邪魔になり、入植者たちは連邦政府に圧力をかけてセミノールを排除しようとした。これに対して彼らは武力をもって抵抗、一〇年間におよぶ戦争（セミノール戦争）がはじまり、その結果、セミノールは戦いに敗れ、大陸を南北に走るミシシッピー川より西に追放された。わずかに残った一部が巨大な湿地帯のエバーグレイズに撤退した。

こうして一八四五年にアメリカの二七番目の州としてフロリダ州が誕生した。

一八七〇年の国勢調査によれば、フロリダ州の人口は西部で九四七八人、中部が一万五七七九人、東部が八九五六人、南部は五一七人。南部でもマイアミなどがある半島突端を含むデイド郡は八五人が登録されているだけという過疎の状態であり、開発が期待された。

その方法としては、〝コロニー〟建設を奨励して、入植者を呼び込むのがもっとも効果的だと考えられた。南北戦争が終わった翌年には、フロリダ州政府は、土地が農作に適していることやインディアンとの紛争が片付いたことなどをあげて移住者を誘った。また、同じく開発を促進したいテキサス州と比較して利点をあげて、「ぜひ、フロリダに移住して来ませんか」と、州をあげて入植者を呼び込む広報活動をした。国内はもとより外国人に対しても国籍をとわず迎え入れる姿勢を示した。

また、入植の斡旋をする仲介者たちは、〝太陽の光があふれ気候温暖〟といったうたい文句で、フロリダが夢あふれ可能性に満ちた地であるかのように宣伝した。これに応えてか、州内各地で入植事業がはじまった。しかし、このなかには、入植してみたものの宣伝された話とは違って、失敗に終わる例がいくつもあった。

例えば、大不況から逃れようと、一八八五年にスコットランドからフロリダ州西部のサラソタに入植した五〇人は、六〇〇〇エーカーの土地を購入したが、現地に着いてみると斡旋された土地は真っ平らの砂地で、とても入植に適するものではなかった。失意のままほとんどの人がコロニーを去った。

また、北部の州からやってきたデンマーク人たちによるホワイトシティ（大西洋岸）への入植も似たような困難を味わった。入植事業を仲介する人間が土地を勝手に売り払い金を着服して行方をくらましてしまった。このため多くの入植者が困窮のなかでその地に留まることを余儀なくされた。

それでも州全体では、徐々に移住者は増え続けて、二〇世紀になると、特に未開だった南部へも国内外から移住者が入植してきた。

ニューヨークの留学生、酒井醸

さまざまな国と地域からの入植事業が繰り返されるフロリダ州で、日本人の入植計画はもっとも野心的だった。また、日本からのアメリカ移民のなかでは、資産をもつもの、教育のあるものが中心となって、いわばアメリカに理想の入植地を求める移住という点で異色だった。

日本人によるこうした入植の例は、テキサス州でいくつか見られるが、日本からもっとも遠いフロリダ州では、酒井醸が企画した事業だけだった。彼は、急増する人口に対して十分な資源をもっていない日本にとって海外への移民は必須であるという信念に基づき、単なる事業欲を超えて、理想のコロニーをつくろうと考えていた。

一八七四（明治七）年一〇月七日、酒井醸は旧宮津藩士、酒井隆益の三男として宮津城下に生まれた。幕末期、徳川幕府についた宮津藩は長州征討に加わり、明治元年の鳥羽伏見の戦いでも幕府に忠節を尽くして新政府軍と戦い敗北した。

これによって一時は藩滅亡の危機に瀕したが、まもなく新政府軍の山陰道鎮撫総督の西園寺公望を迎え入れ、恭順の意を示し正式に制圧された。その後廃藩置県と府県の統廃合によって旧宮津藩は一時豊岡県に所属したが、まもなく豊岡県は廃止となって京都府の管轄となった。

酒井醸［©Morikami Museum and Japanese Gardens］

維新後の宮津は経済的に非常に苦しく、職を失った旧宮津藩の士族らも不安定な状況に置かれた。とくに若い世代は教育を受ける場がなく、将来への不安が高まっていた。こうした状況に危機感を抱いた旧宮津藩士の有志らは、人材育成のため明治八年七月一日、私塾である天橋義塾を宮津に創設した。

これは、同じ京都府で同志社大学の前身、同志社英学校が新島襄によって開校するより五ヵ月前のことだった。新島襄の同志社と宮津の天橋義塾は少なからぬ関係があった。天橋義塾の幹事で自由民権活動に邁進した人物に沢辺正修がいる。新島襄より一三歳若い沢辺は、天橋義塾が京都府を代表する民権結社へと性格を変え、国会開設運動に組織的に関わっていくなかで、大阪で誕生した立憲政党の活動を支えていった。同党の人々と新島襄とは親交があった。

沢辺よりさらに一八歳若い酒井讓もまた天橋義塾や同志社とつながりがある。讓の父、酒井隆益は、天橋義塾の関係者として名を連ね、義塾の幹部らとともに天橋商社という朝鮮との貿易団体を発起している。また隆益は立憲政党にも加盟していた。父親が自由民権活動や実業の世界に乗り出していこうという気概や行動を目の当たりにして、息子の酒井讓が影響を受けたのだろう。やがて彼は、同志社大学の前身のひとつである同志社普通学校で明治二七年九月から明治二九年一二月まで学び、新島襄の薫陶を受けて大志を抱いてニューヨークへ留学する。そこで耳にしたのがフロリダ開発だった。

酒井讓が訪れた当時のニューヨークは、移民の流入で人口は膨らみ、一八二〇年には一二万人だった人口が一九世紀末には三〇〇万人を超えていた。まちも急速に近代化していった。六番街には高架鉄道が開通し、カーネギーホールが完成、一九〇四年には地下鉄が開通、五番街には富豪の大邸宅が出現し、ウォルドーフ・アストリア・ホテルをはじめ豪華なホテルが建設されていく。高級品を扱うデパートが開店し、劇場やサーカスなどの娯楽も花開いた。

ヨーロッパからの移民のほとんどは都市労働者となって、同郷者がつくるコミュニティーのなかで貧しい暮らしをはじめた。とくにロウワー・イースト地区のスラムでは、狭いアパートで大家族が暮らし、劣悪な条件のもと働く移民労働者たちがうごめいていた。

酒井は、この二つの地域の中間に位置するニューヨーク大学で学びながら、まちの近代化と富がもたらす華やかさと同時に、貧しさから這い上がろうとするエネルギーを感じ取っていた。この大学から数ブロックのところにあるユニオン・スクエアーには、ちょうどこのころ作家O・ヘンリーが作家活動を開始していた。彼のペーソスに満ちた短編作品のモデルやヒントになった市井の人々が酒井の周りで生活していた。

一方、日本人でニューヨークで暮らしていたのは、こうした労働者としての移民ではなく、そのほとんどが、留学生や学者のほか、商業目的の事業家や企業関係者、そして政府関係者といった、〝上流階層〟の人たちだった。

ニューヨークでの日本人の足跡をたどると、古くは一八六〇年に日米修好条約批准のために使節団として新見正興らが滞在した。七二年には岩倉使節団が訪れている。この年三月には日本領事館が開設された。

商業関係でいち早くニューヨークに進出したのは、佐藤百太郎、新井領一郎と森村豊らで、佐藤と森村は「日の出商会」（のちにノリタケとして成長）を設立して雑貨を扱う商売をはじめ、また佐藤は新井とともに「佐藤新井組」を経営して生糸貿易をはじめた。このほか骨董品を扱う者もいた。

日本企業としては、横浜正金銀行や三井物産などが支店を設立。学者では野口英世がニューヨークにあるロックフェラー研究所に一等助手として勤務したのもこのころで、同じ学者の高峰譲吉博士によって、日本人の社交機関として日本倶楽部が創立されたのは、日本人定住者の数も増えた一九〇五年のことだ。

同胞が増えれば、日本人による新聞等も発行される。一九〇〇年末には星一らによって週刊「日米週報」が発刊された。一九世紀末にニューヨークにいた日本人は約三〇〇人という記録もあり、日本人社会のなかでの交流も日本倶楽部などを通じて行われていた。

このニューヨークの中心、マンハッタンにあるニューヨーク大学のなかの商業・金融・会計学校（the School of Commerce, Finance and Accounting）に、酒井は入学した。一九〇〇年に創設されたこの大学は、専門的な教育によって実業界で高度な責務を担う人材を育てることを目的とした。多くの卒業生が会計や商業、金融といった専門分野に就いていき、のちにニューヨーク大学スターン・スクールという全米でも屈指のビジネス・スクール（経営大学院）として高い評価を受ける。

酒井は一九〇二年から〇三年にかけてここに在籍し卒業した。当時の入学金が五ドルで、授業料が年間一〇〇ドル。このほかの諸費用や生活費を合わせると、卒業までにかかった費用は一〇〇〇ドルほどとみられる。助次が三年働いてもらう約束のボーナスと同じ額である。

火をつけた内田総領事の報告書

酒井醸はすでに在学中にアメリカで入植事業を行うことを検討していた。その彼の計画案に影響を与えたひとりがニューヨーク総領事、内田定槌だった。内田は一八九八年にニューヨークの領事に就任し、一九〇二年からは約四年間総領事をつとめた。日露戦争終結に際してのポーツマス条約では、全権大使として講和につとめた外相小村寿太郎を迎え、ロシアとの交渉を支えたひとりである。

在職中米国内を精力的に動き回った内田は、テキサスをはじめとして、アメリカでの農業の可能性が大きいことを日本人に知らせ入植を奨励した。

全米でアラスカに次いで面積の広いテキサス州（日本の約一・八倍）は、メキシコ湾岸から内陸にかけて手つかずの土地が未開のまま広がっていた。二〇世紀のはじめ、アメリカ南部における米作は、テキサス州東隣りのルイジアナ州で進んでおり、テキサスでもこれに倣い米作を奨励する動きが官民双方から起きた。大手の開発会社は、州内で米作用に土地を分譲し、すでに西海岸で農業実績のある日本人にも入植してほしいと働きかけた。

一九〇二年、内田は南部での米作の可能性について現地を視察した際に、全米米作者協会の招きでテキサス州南東部のボーモントを訪れた。そこで彼は、日本からのテキサス移民については、低賃金の労働者ではなく独立した自営業者を招き入れたいと持論を話した。

そして翌年の一九〇三年から四年にかけて、外務省に「北米合衆国南部諸州ニ於ケル米作情況」「米国南部地方米作業ノ状況」という報告書を数回にわたって提出した。

このなかで内田は、テキサスでの米作について、土地が肥沃であることや、かつ地価は日本に比べて著しく安いという経済的な利点をあげている。また、太平洋岸と異なり日本人に対する偏見がなく事業がしやすく、多少の資本と教育がある日本人が移住して米作事業を経営するのは将来有望だと述べている。逆に、「無知無産の一時的出稼ぎ労働者」は嫌われると注意を喚起した。

当時テキサス州では農地の分譲が計画され、米作を得意とする日本人の入植を歓迎する環境が整いつつあった。さらにアメリカ農務省が積極的だったこともあり、内田はテキサス移住を一貫して奨励した。

この報告書は官報にも掲載され、また外務省も、テキサスにおける日本人の米作についていくつもの報告書をまとめた。これに呼応して民間の移民関係の雑誌などに、すでに現地で事業を開始している入植者からの、米作事情や農業経営の実情がつぎつぎと掲載された。

日本の地方新聞にもこうした記事が掲載されると、「テキサスでの米作」は全国的に反響を呼び、事業意欲のある資本家や知識人が相次いで広大なテキサスに足を踏み入れた。こうして一九〇三年から数年の間にテキサス州内で、五〇以上の日本人による農業経営がはじまった。入植者の多くが、南部のヒューストン近郊やメキシコ湾岸に近い地域に農場をつくったほか、メキシコとの国境でもあるリオグランデ川に沿って展開した農場もある。ここにはメキシコ側から密入国し農業をはじめた日本人もいる。こうしてテキサス州の日本人の数は、一九〇〇年はわずか一三人だったのが、一九一〇年には三四〇人、二〇年には四四九人と急増した。

農業経営の方法としては、農地を取得しての自作、あるいは小作として同じ日本人に貸し出す方法や、土地は取得せず外国人から借りての小作経営があった。また、日本人による農園ができるという話を聞いて、最初から農場で雇われようと、日本からあるいは他州から移り住む日本人もいた。

農場経営者（入植者）の顔ぶれをみると多士済々だ。ヒューストンの東方、ファネットに入植した真弓吉雄は三重県の大地主で元貴族院議員。ヒューストン近郊に入植した九鬼一造の父親は初代帝国博物館長・九鬼隆一で、弟は『いきの構造』の著者、九鬼周造だ。大西理平は元「時事新報」の記者で親類をさそってヒューストンの南、ウェブスターで土地を購入した。この大西とともに渡米した東京出身の橋本順三は、内田総領事の義弟である。熊本県出身の竹田貞松は、三井物産の清国天津支店長などの経歴をもつ実業家だった。

社会主義者、片山潜の場合は、一八八四年にサンフランシスコに渡って働きながら学び、その後マサチューセッツなどで苦学し九六年に一旦帰国。労働運動に奔走するが、その後、テキサスにわたり一九〇五年に米の栽培をする。アメリカでも社会主義者と接触するなど運動をつづけていた彼は、農業事業を社会主義の実践ととらえていたようだ。

ヒューストンでレストランを経営していた岡崎常吉が日本村をつくろうとしたように、日本人による独立したコロニーを立ち上げたいという〝野望〟を抱えていたものをはじめ、事業としての大規模農業経営の魅力に惹かれたもの、あるいは日本国内の人口問題と食糧需給の逼迫という国家的な課題の解決のため米作に挑むものもいた。いずれにしても、自ら資本を投下しリスクを負いながらのチャレンジ精神に満ちた計画であった。

西原農園と岸コロニー

これらの事業のなかで、もっともよく知られ継続したのが、西原清東、清顕の父子が経営する農園だ。一八六一年、土佐国高岡郡出間村（現在の高知県土佐市）生まれの西原は、板垣退助らに従い自由民権運動に身を投じ、九八年には衆議院議員となった政治家であり法律家だ。早くから英語を学んでいた彼はキリスト教徒でもあり、九九年には同志社の第四代の社長の地位にもついた。

神学を学ぶためアメリカ・コネチカット州にいた西原もまた、内田の報告書を知り内田に直接話を聞くなどしてテキサスでの農業経営を決意、同年ウェブスター付近にまず三〇〇エーカーの土地を取得した。灌漑設備をつくり米作を開始し、徐々に拡張していき野菜や綿花づくりも試みた。郷里の財産を処分し、親族にも呼びかけて移住を促し、自らはアメリカ市民となりこの地に骨を埋めるつもりでいた。

西原と並んで大規模に農場を経営した資産家に岸吉松がいる。ヒューストンから一〇〇キロほど東のボーモント市の近く、テリーという名ばかりのまちに岸は入植した。新潟県長岡出身の岸吉松は一八七一（明治四）年生まれ。酒井醸と同世代だ。祖父の代は大地主、父親は石油会社と銀行を経営する実業家。東京高等商業学校（現在の一橋大学）に入学するが、その途中で日露戦争がはじまり、軍事物資を調達する将校として戦地で活躍した。

終戦後は、満州に留まり農業に従事しようとも考えたが帰国。しかし、海外への事業欲は捨てられなかった。そこで彼は広く世界に目を向けて入植地を探した。南米やオーストラリアなども候補にいれて、どこで米作をしたらいいか調査をしていた。

入植地をアメリカにしぼってからは、吉松はカリフォルニアをはじめ、ルイジアナ、ノースカロライナ、サウスカロライナ、ミシシッピーの各州をまわり、最終的にテキサス州南東部に落ち着いた。決め手は比較的平坦な土地であることと、近くに水源があったからだ。

といっても、ほかにほとんどなにもないまさに原野の三五〇〇エーカーを、一九〇八年に七二〇〇ドルで購入した。そして、日本から働き手を募り労働者としてあるいは借地農としてまず一六人を呼び入れた。ラバをつかって土地をならし灌漑設備をつくるなどしてようやく米作をはじめた。

メキシコ国境のヤマトコロニー

西原農園や岸コロニーより一〇年余遅れて、メキシコとの国境付近であるリオグランデ川の河口に近い土地でも、日本人によるコロニーがつくられた。

リオグランデ・ヴァレー、あるいは単にヴァレーと呼ばれるこの一帯は、肥沃でサトウキビが早くから栽培され、二〇世紀に入りヒューストンから鉄道が伸びて灌漑設備ができると、農地として注目されて野菜栽培が盛んになった。テキサス州内をはじめ西海岸やメキシコからも日本人がこの地で農業をはじめた。そのなかに「ヤマトコロニー」と名づけられた協同組合方式の農場があった。

一九一九（大正八）年、メキシコ湾とリオグランデ川に囲まれた湾岸のまちブラウンズヴィルで、鹿児島県出身の川畑実をリーダーとする七人は、西原や岸とはちがいそれぞれテキサスにやってきてから農場の共同経営に乗り出した。川畑は一九〇五（明治三八）年にサンフランシスコに入り、コロラド州デンバーなどを経てニューメキシコ州のサンタフェでレストラン経営をした後、テキサス州に移った。

七人はすでにサトウキビ・プランテーションとして耕作された土地約四〇〇エーカーを買い取った。灌漑設備や風車なども整っていた欧風の環境の農園で、五〇人から一〇〇人の労働者を雇って豆類やジャガイモ、トマトを栽培した。

当時、地域では注目された事業だった。しかし、第一次大戦後の不況の影響を受けたことや、土地の質がよくなかったこと、また組合内部の意見の相違などもあったようで、わずか三年で解散を余儀なくされた。

その後事業にかかわったメンバーは、それぞれ独立。川畑は、農産物の輸送や野菜・綿花栽培など農業をつづけて成功、教会を建てるなど地域に貢献したことでコミュニティーからの信望も厚かった。

カリフォルニア・ヤマトコロニー

テキサスのメキシコ国境に誕生し短命に終わったヤマトコロニーのほかに、もうひとつ同じヤマトコロニーという名の事業が、一九〇六年に日系移民で湧くカリフォルニア州の北部、リヴィングストンという小さなまちではじまった。のちに西海岸で移民の指導者とも言われた安孫子久太郎が企画した日本人による農場として広く知られる計画的事業だ。

西部の諸州に移民した日本人は、そのほとんどが農場での作業に従事したり、林業、鉄道、水産関係の現場で雇われ労働者として働いた。しかし、その数が急増すると白人社会から排日運動が起こり、一九〇八年には日米間では日本からの移民を制限するという「紳士協定」が結ばれた。ハワイを経由しての本土への日本人労働者は許されず、新たな出稼ぎ労働者の出国も制限されることになった。

こうした風潮が高まるなかで、日本人も反省すべき点があるという意見が出てきた。労働現場で賭博が横行するなど、根なし草な生活をする労働者が数多くいたからである。そこで、定住を目指した理想のコロニー（入植地）をつくろうという事業計画が早くから移住した日本人のなかから生まれた。

計画のリーダーである安孫子は、一八六五年新潟県北蒲原郡水原町（現在の阿賀野市）生まれで、アメリカへの興味を抱きキリスト教の洗礼を受け、八五年にサンフランシスコに渡った。現地で日本人により組織された福音会（キリスト教・メソジスト派）に属し、その恩恵を受けて大学に通った彼はやがて地域のリーダーとなる。アメリカでその日暮らしをする書生や社会性のない日本人が増えるなか、これではいけないと、アメリカにおける日本人のあり方について考えてきた。

そして、一九〇二（明治三五）年一〇月、仲間とともに日本人労働者の斡旋などをする日本人勧業社を立ち上げると、出稼ぎ労働者の増加で需要も高まり、同社は、〇四年秋には「日本勧業社」という株式会社に発展した。

日本勧業社は、日本人の定住計画の一つとして集団移住による農業入植地の建設を計画した。

場所をカリフォルニア州中部のリヴィングストンに定め、まず一二八〇エーカーの土地を購入し、区画分けして入植希望者に分譲した。「Yamato Colony」と名付けられたその分譲地は、新聞広告などで日本人入植者を募集。その結果一九〇六年、助次がフロリダに着いたのと同じ年に、まず和歌山県出身の貴志太次郎らが入植し、二年後の〇八年までに三〇人がつづいた。

一面沙漠のように広がる大地で野菜作りをはじめ、やがてナスやサツマイモ、アスパラガス、トマトなどを収穫できるようになった。その後コロニーは協同で食糧の購入や販売などをはじめたり、作物を荷造りするための小屋を建てたりした。

富豪、H・フラグラーの野望

カリフォルニア州のヤマトコロニーがつくられたころ、同州にはすでにロサンゼルスだけで六八〇〇人余の日本人移民が暮らしていた。それに比べると日本人の数は、テキサス州では三四〇人、さらにフロリダ州ではまだ五〇人（一九一〇年国勢調査）に過ぎなかった。

しかし、それだけにテキサス、フロリダには、西海岸にはない潜在的な開発可能性があり、総領事内田のテキサスについての報告書は、同じニューヨークにいた酒井釀に刺激を与えたようだ。また、先輩格である西原清東がニューヨークに滞在中、酒井は、西原と接触していたようでもあり、西原から情報や助言を得ていたとも考えられる。これらの点からすると、酒井もテキサスへ向かうのが自然だった。それがフロリダ州を入植候補に挙げたのは、酒井が学んだニューヨーク大学にフロリダ州と接点があったからだった。

開発がはじまったばかりのフロリダ州に、このころ「モデルランドカンパニー」という開発会社ができた。この会社の社長ジェームズ・イングラハムが、酒井が通うニューヨーク大学の学部長ジョセフ・ジョンソンの友人だった。カリフォルニアではすでに多くの日本人移民が農業で成功していることを知っていたイングラハム社長は、農業技術に長ける日本人を、フロリダに入植させて農業開発をさせたらどうだろう、というアイデアをジョンソンに話した。そして、このことをジョンソンは酒井に伝えたのだった。


このころフロリダ半島の大西洋岸には、北のジャクソンビルから南のマイアミまで、フロリダ・イースト・コースト・レイルウェイ（FECR）という鉄道が敷かれていた。モデルランドカンパニーは、このFECRの子会社で、沿線の土地開発を担当していた。その指揮をイングラハムに任せたのがFECRの創設者で、すでにアメリカ屈指の大富豪として知られていたヘンリー・フラグラーである。

一八三〇年ニューヨークで生まれた彼は、一四歳のときから穀物商店に住み込みで働き、やがてロックフェラーと知り合う。石油精製業が急成長するなか、ロックフェラーが立ち上げた製油事業の経営パートナーとなり、一八七〇年スタンダード石油を誕生させた。

すでに何百万ドルもの富を手にしていた晩年のフラグラーは、長い間健康がすぐれない妻のために一八七八年にフロリダ北部のジャクソンビルを訪れる。しかし数年後妻は死亡。二年後に三度目の妻と、少し南のセントオーガスチンに滞在した。一六世紀に上陸したスペイン人によってつくられたまちである。

夫妻はこの地の気候をいたく気に入り、同時にフラグラーは、フロリダが地中海沿いの高級リゾート地リビエラのように発展する潜在的な可能性があると確信し、リゾート開発に乗り出すことを決めた。まずは宿泊施設と交通機関を整備しようと、ここに客室数四五〇の、美しい装飾を施したホテル、ポンセ・デ・レオンを開業した。また、地元の鉄道会社を買収し、新たにフロリダ・イースト・コースト・レイルウェイとして大西洋岸を南へ向け鉄路を伸張していき、同時にリゾート開発を進めた。

その象徴的な場所が南部のパームビーチだった。一八九四年、フラグラーは長いビーチを抱えるこの細長い砂州の地に、五四〇もの部屋があるコロニアルスタイルのリゾートホテルをつくりあげた。当時、木造建築としては世界最大級で、その周りは優雅に椰子の木々で囲われた。さらにこの完成から数年後には、世界で最大のロイヤル・ポインシアナ・ホテルを建設。

ヘンリー・フラグラー
［©Flagler Museum］

六階建てで部屋数は一〇八一、メインの棟から翼のように伸びる棟をあわせてまっすぐに伸ばしたら半マイル（〇・八キロ）にもなるというとてつもない規模を誇る豪奢な建築物だった。

ビーチから沖合に三〇〇メートルも伸びた桟橋からは、汽船が旅行客をのせてカリブ海のナッソーやキューバへと遊覧した。このほか大西洋を見下ろすホテルも建設、フラグラーはパームビーチのまちを高級リゾート地につくりあげていった。

個人的にも、妻のため贅沢の限りを尽くした避寒の住まいを建てた。何本もの大理石の円柱が外壁の一部となり、屋根は赤いタイルで被われたその白亜の御殿は、ホワイトホールと呼ばれた。

フラグラーの開発意欲は留まるところを知らなかった。約一〇〇キロ南のマイアミまで一年で鉄路を延ばし、そこにまたホテルを建設した。同時に鉄道が敷かれたことで、北東部からは豪華寝台列車にのった富裕層が続々とフロリダへ観光で訪れるようになった。

当時、アメリカでは「マニフェスト・デスティニー」といわれる、領土拡張を正当化するスローガンが広まっていて、フラグラーも鉄道敷設と観光開発を、最終的には洋上に延びた珊瑚の島々の終着であるキーウェストまで伸ばすことを目論んだ。一方、政府は大西洋から太平洋へとつなぐルートを開くためにパナマ運河の建設にとりかかっていた。

このパナマ運河の開通をフラグラーは自らの鉄道計画と結びつけた。当時キーウェストはフロリダでもっとも人口の多いまちで、かつパナマ運河にもっとも近くて深い港を抱えていたことから、フロリダからパナマ運河までの交通を確立することは、キューバをはじめラテンアメリカ地域との交易にも有利だと考えた。そして、いくつものビーズに糸を通していくように珊瑚の島々をつなぐ「洋上の鉄道」を敷設するという大計画を立てた。

スタンダード石油時代は、利益のためなら手段を選ばないという非情なビジネス手法をとっていたフラグラーだが、フロリダ開発には鉄道を敷き、まちをつくり人々を呼び込むという創造性と社会的意義が込められた。この一連の大事業がもたらしたうねりの一端に、酒井釀たちがつくろうとしていたコロニーは乗ろうとしていたのだった。

フラグラーが期待したのは、単なるリゾート開発だけではなく、鉄道の沿線地域を同時に開発していくことだった。このなかには起業精神のある農業開発も含まれた。フロリダの農業は、新たな作物や農業技術を試している時期でもあり、フラグラーは財政的に窮した入植者たちに資金を貸与するなどの援助もした。

フロリダ州政府もこれを歓迎し、フラグラーをはじめ鉄道事業者に対しては、敷設される線路一マイルごとに一定の土地を与えるという法律を制定した。これに従ってＦＥＣＲは、二〇〇万エーカー以上の土地の譲渡を要求した。

フラグラーの企業グループのなかで、こうした沿線の広大な土地の開発を担当するのが、ＦＥＣＲの子会社であるモデルランドカンパニーで、その責任者が鉄道事業経験のあるイングラハムだった。酒井たちの入植を受け入れる責任者でもある。

第三章　大和村誕生

酒井、半島をめぐり入植地を探す

ニューヨーク大学卒業後の一九〇三年一一月、アメリカに日本人のコロニーを建設しようという情熱を抱いて、酒井醸は精力的に活動をはじめた。フロリダ州を中心にアメリカ東海岸をまわり、その後入植者を募るため日本へいったん帰国、そして再びフロリダ州を目指した。

入植のための情報を集め、入植地を選定するため、酒井は、まず太平洋岸にあるフロリダ最大の都市ジャクソンビルへ向かった。ニューヨークとジャクソンビルの間には、旅客の蒸気船、アラパホ号が運航していた。中央に煙突を出し、二本のマストを前後に立てた優雅な客船は百数十人を収容できる。そのなかでおそらくたったひとりの日本人として酒井は大西洋岸を南下し、一一月一七日ジャクソンビルの港に降り立った。

一九〇〇年の国勢調査では、フロリダ州に住む日本人は一人。登録されていない者もいるだろうが、留学生が学ぶ機関があるわけではなく特別な産業もない。日本人がいるとしたら都市部に商売でやってきているくらいだった。

ただ、これより前の一八九一(明治二四)年四月、ひとりの日本人が特別な目的でジャクソンビルでしばらく暮らしていたことがある。のちに博物学者として名を馳せる異色の研究者、南方熊楠だ。五大湖に近いミシガン大学で〝研究〟していた南方は、フロリダが地衣類の宝庫だと聞かされ、その収集のためにジャクソンビルを訪れ滞在、その後キューバへもでかけた。

酒井がジャクソンビルを訪れたのは、南方が去ってから一一年余りのちになる。ニューヨーク大学のジョンソン学部長の紹介状を携えた酒井は、当地の政治、経済界に力を持つジャクソンビル商工会議所のガーナー会頭らを訪ねて面会した。さらにガーナーの紹介によりフロリダ・イースト・コースト鉄道の関係者とも会談、入植のプランを説明した。

地元の新聞、フロリダ・タイムズ・ユニオンは、酒井の来訪と日本人によるコロニー建設計画に興味を抱き、彼の行動や人物像について何度か紙面で取り上げた。到着二日後には酒井への取材をもとにかなり詳しく報じている。

「フロリダで、日本人によるコロニーをつくろうと努力する酒井氏が、一一月一七日火曜日の朝、蒸気船アラパホ号で当地に到着した」で記事ははじまり、以下、酒井が京都の出身で同志社で学び、アメリカではニューヨーク大学を卒業したことを記した。また、ジャクソンビルを訪れるにあたっては、立派な推薦状を携えていることを強調した。

酒井の言葉に好感を抱いたのだろう、記者はコロニー建設の目的やその理念をまとめている。

「酒井氏はしっかりした目的を持った人物であり、またその目的は個人的な報酬ではない。彼と話してみれば納得するが、金銭上の利得などより高貴なものに突き動かされ、アメリカに仲間たちとコロニーをつくろうとしている」

酒井自身もフロリダを気に入ったようで、

「こちらの気候は日本の南の地方と似ています。私の仲間はここに来ても不便を感じたり病気をすることはないでしょう。私はまだこちらの土壌については調べていませんが、米作やお茶作りに適していると信じています」と答えている。

そして動機と目的についてつぎのように語った。

「私の国の資源は急速に増加する人口に対応できるほど十分ではありません。日本人が移民をすることは必要なことなのです。過去三〇年の間に日本からハワイへ五万人が移民をしています。その結果はどうだったか。日本人はハワイではもっとも多く、中国人がそのつぎで、もともとの人間はまたそのつぎで、あとは混血とポルトガル系です。日本の輸出品は生糸とお茶と織物です。私は米農園からはじめるつもりです。つぎにお茶の栽培、そして生糸産業にとりかかります。フロリダではきっとうまくいくはずです」

コロニー計画について、ジャクソンビルの実業界から非常に好意的に受け取られた酒井は、次に鉄路で少し南に下り、セントオーガスチンを訪れた。石造りの砦や古い街並みがスペイン植民時代の面影を残しながらも、フラグラーがフロリダ開発の足がかりとした真新しい豪華ホテルが威容を誇る古都には、モデルランドカンパニーの本部があった。

そこで酒井は初めて、同社のイングラハム社長に会った。すでにイングラハムからは、ジョンソン学部長を通じて同社の所有地への入植の誘いを受けており、その条件などを聞いた。

次に酒井はいったん北上してから半島を西に向かって横切り、州都タラハシーとその周辺のレオン・カウンティー（郡）を目指した。タラハシーでは、入植への理解と協力を仰ぐために州知事のウィリアム・ジェニングスに面会した。

ジェニングス知事は、名もない若き異国の紳士を快く迎え、酒井はジョンソン学部長が書いてくれた紹介状を渡し計画を説明した。これに対して知事は理解を示し、さらに彼の活動のために第三者への紹介状を書いてくれた。

そのなかでジェニングスは、「日本で評価される階層の人たちによるコロニーの建設は、フロリダの人々にとって大いに受け入れられるだろう」という意見を添えている。ジャクソンビルに続いてここでも好意的に受けられたことで、このとき酒井のなかでは、入植地をテキサスではなくフロリダにしぼったようだった。

州都タラハシーの近くでは、すでに紹介されていた入植の候補となる土地をいくつか視察した。ひとつは地元の有力者が所有する土地だったが、そこは譲渡の予定はなく、貸与して小作人として入植することを希望していた。

おなじく現地に居住し農園を所有するエドワード・ウォーレン・クラークという牧師が、ぜひとも自分の農場へ入植しないかと呼びかけてきた。彼は、日本に馴染みのある人物で、一八七〇年代はじめに勝海舟の招きで来日、静岡藩が藩士（旧幕臣）のために創設した静岡学問所で、英語や歴史、科学などを教えた教育者であり牧師だった。東京の開成学校でも理化学教授として教鞭をとったことがあり、その時の生徒には中村正直などがいた。

最終的にはアメリカに戻ったクラークは、日本での経験を「Life and Adventure in Japan」という本に著した。数年後、牧師としてフロリダのタラハシーに赴任し、静岡にちなんでShidzuoka（Shizuoka）プランテーションという農園を拓いた。お茶、綿花、桑、柿といった日本の産物や果物をすでに栽培し、郡内一のトウモロコシ農園もつくった。

「私がもっている日本人や日本語、そして日本の習慣についての知識は、きっとお役に立つだろう。フロリダはテキサスやハワイよりずっと日本人に向いている。もし、ここにくるなら一二家族はただちに受け入れられる施設がある」と、酒井らを受け入れる用意があることを熱心に説いた。

しかし彼の提案もまた、土地を譲渡するものではなく、酒井の考えているような自ら土地を所有してコロニーをつくるという計画にはそぐわない面があったようだ。このほかにもいくつかの提案があったのでレオン郡内のそれらを視察した後、酒井は半島の西側、メキシコ湾沿いをずっと南に下っていった。

タンパのまちを越えてマナティー郡へ行き、さらに南のリー郡へと旅をした。ここには奇しくも酒井が憧れたトーマス・エジソンが避寒のために訪れる別荘があった。二つの郡でも、入植への勧誘があったいくつかの候補地を視察した。

タラハシーをはじめフロリダ州の西側を訪ねたのち、酒井はいよいよ本命である大西洋側のボカラトン（Boca Raton）を目指した。まずいったん北上してから、今度は来た道を戻るように半島を東へ横断してセントオーガスチンまで出て、そこから大西洋岸をずっと鉄道で南下していくことになる。

ボカラトンというところは、かつてスペインの海賊たちが上陸したことがあり、金貨など財宝が隠されているという言い伝えがあった。海賊が出没する以前には、テキエスタという部族のインディアンが暮らしていた。

一七〇〇年代のはじめになると奴隷商人たちがインディアンたちをとらえて、西インド諸島へ奴隷として売った。その後イギリスがフロリダを支配するようになると、追い出されたスペイン人は、インディアンを一緒に連れ去ったという。こうして散り散りになった数家族を残し原住民は姿を消した。

その後同じインディアンのセミノール族がフロリダに移住し、ボカラトンでも生活をはじめた。しかし、一八二一年にアメリカがフロリダを領有するころから白人の入植者が増え、フロリダからインディアンを追放しようという動きが高まり、セミノール族を武力闘争の末に排除した。


フロリダからほぼインディアンが追放されると、ボカラトンには数十年定住する者はなかった。そこに足を踏み入れたのが、トーマス・リカードというオハイオ州出身の測量・土木技師だった。

彼はフロリダ州の依頼でフロリダ半島の土地を測量するため旅をしているうちに、ボカラトンを気に入り、一八九二年、運河沿いに家を建て定住した。この地で最初の開拓者となった彼は、オレンジとパイナップルの畑を耕作しはじめた。しかし、畑はハリケーンで大被害を受けた。そのころちょうどフラグラーの計画する鉄道が、ボカラトンを通って敷設されつつあり、リカードはモデルランドカンパニーから同社の所有する土地売却の代理人として雇われることになった。

彼の仕事は、鉄道で収穫物を配送する農家に土地を売り込むことで、そのためのさまざまな調整も彼の手にかかっていた。入植事業を計画する酒井らは、まさにリカードが受け入れる顧客であった。モデルランドカンパニーのイングラハム社長から連絡を受けたリカードは、セントオーガスチンからやってくる酒井を迎えた。

酒井はリカードの家でもてなしを受け、周辺の土地を視察して情報を得た。こうした動きをリカードのあとに同じくこの地に入植しパイナップル栽培をはじめたフランク・チェサブロという人物が日記に記している。

「一九〇三年一二月二五日、リカード宅にいる日本人がコロニーための土地を探している」

その二日後にはこうある。

「一九〇三年一二月二七日　日本人が列車で去る」


ボカラトン周辺での土地の視察を終えた酒井は、踵を返すようにしてビーチに沿った起伏のない鉄路を北上し、セントオーガスチンを経由して、最初の訪問地ジャクソンビルへ戻った。ほぼ日本の本州をぐるりと回ったほどの旅が終わった。

入植地探しのため、フロリダ半島を回ってきた酒井のところに地元紙の記者がまた取材に来た。これに酒井は、

「まずは日本から四〇家族を連れてきて、それを四つのコロニーに一〇家族ずつ定着させる」

と、入植計画を説明した。一九〇三年末のことである。

同年大晦日、酒井はジャクソンビルから、彼の本拠地であるニューヨークへと帰路についた。その途中首都ワシントンＤＣに立ち寄り、合衆国農務省や移民局を訪れ、フロリダ入植が、容易に進むようにと支持と理解を求めた。結果は上々だった。

入植地もほぼ決まり、アメリカ側の理解も得られたことで、計画はひとつの山を越えた。次な

る課題は、この計画に賛同し実際にフロリダへ来る人材を募ることだった。

ニューヨークに戻ってからの一九〇四年二月一日、入植地と決めたボカラトンにいるリカードに送った英文手紙のなかで、彼は高まる気持ちを吐露した。

「私は、フロリダでの自分の将来の家を夢見ながら、いまはまだニューヨークの埃まみれの空気の下で暮らしています」

日露戦争の余波

一九〇四年二月、人材を募るため酒井は帰国の途に就いた。それと前後して、遠縁にあたる井上信治を入植の〝先兵〟としてボカラトンのリカードの元へ派遣した。当時井上は二三歳。生家の田中家は丹後半島の峰山藩の大庄屋で、養子として迎えられた井上家もまた当地方きっての素封家だった。

ニューヨークを出発した酒井は、カナダのモントリオールへ出て、そこから大陸横断鉄道に乗った。途中大雪で列車が立ち往生しながらもバンクーバーへ出ると、今度は太平洋を渡った。

この間、ニューヨークにいる代理の仲間を通じてリカードと連絡をとると、井上は無事にリカードのもとへ到着したことがわかった。

酒井が郷里の宮津に着いたのはそれから一ヵ月余の三月半ばのことだった。前月には、日露戦争が勃発していた。三月一六日、酒井は京都からリカードに手紙を送った。

「ご存じのように、わが国は戦争に向けてみな興奮状態にあります。しかし、私は間もなく落ち着くと期待しています。私は毎日アメリカのことを知りたいという多くの来客のもてなしに追われています。滞在中に入植計画をまとめて、地元の政府に報告するつもりです。……いまの日本はすべての面でとても小さく、私が生まれた家ですら、日本では暮らしていくのは快適とはいえない感じです。どんなに私がアメリカを愛しているか、あなたには想像できないでしょう」

日露戦争の余波が、入植計画に影響を及ぼすことはないだろうという含みを持たせている。だが、受け入れ側のモデルランドカンパニーのイングラハム社長は、リカードに宛てた四月五日の手紙で、憂慮を示している。

「(日露)戦争が酒井の計画の障害になるのではないだろうか。戦争状態のなかで、健常なものを必要とするかも知れないときに、当局がかなりの数の家族を出国させるとは思えない」

すでに受け入れについて契約も取り交わしたフロリダ側は、果たして彼らが本当にやって来るのか心配した。

四月二七日、東京で外務省との折衝や計画の支持者との話し合いで忙しい日々を送っていた酒井から、またリカードに手紙が届いた。

「コロニー参加者の選抜はほとんどすべてできました。しかし、日本の外務省が彼らにパスポートを下付することを強硬に反対しています。数年前からわが国の政府は、アメリカの労働組合が日本からの移住を妨害しているため、移住をとめています。今回のことも原則的な理由で、決してロシアとのトラブルが理由ではないと信じています」

とはいうものの、当初予定の四〇家族は集まりそうもなかった。参加する人材も資金も準備できたが、外務省の許可だけが下りないことに焦る酒井と、ニューヨークにいる酒井の仲間のK・宮地は、本国の政治家やアメリカの日本総領事に働きかけることにした。

酒井らは、ニューヨークでの人脈を生かし、桂太郎内閣の閣僚、清浦奎吾らを通じて、なんとか外務大臣の小村寿太郎に働きかけた。これに対して小村は、国際情勢が許せばすぐにでもパスポートの件はとりあげる、と主張を繰り返すだけだった。

与党だけでなく、野党である憲政本党の党首、大隈重信にも力を借りようとした。酒井は丹後半島出身のベテラン衆議院議員、神鞭知常の紹介を得て大隈に面会した。神鞭は、大蔵省勤務やフィラデルフィア博覧会の御用掛の経験もある。

大隈は、コロニー計画とパスポートの件につき理解を示し、この問題が国会の外交委員会での争点のひとつになることも考えられた。

これとは別に、ニューヨークでは、酒井の留守を預かるK・宮地が、総領事の内田定槌と面会し入植計画を説明、外務省へ働きかけてもらうようお願いした。また、酒井らはリカードに対して、知り合いのなかに弁護士や法律家がいたら援護してもらえないかと頼んだ。すると、ウェストパームビーチ市長やモデルランドカンパニーの弁護士から、内田宛てに援助を求める文書が送られた。

しかし、内田からはいい反応が得られなかった。イングラハムは、内田がテキサスでの日本人コロニーに多大な関心を示していることが、領事館全体のフロリダに対する支援を妨げていると怒った。内田がテキサスでの米作の可能性を広め、入植を支援したことは周知の事実だったからだ。

日本からの入植者到着する

事態が進展しないなか酒井が妙案を思いついた。日本政府は、西洋の技術を海外で学ぶことを積極的に奨励する政策をとっているのだから、コロニー参加者に学究目的として渡航申請させようというのだ。パスポート(旅券)の申請・取得は、個人単位で行うものだから、最終的にコロニー参加という入植の目的があってもわかることはない。

この戦略が功を奏したのか、旅券は無事下付された。しかし農業従事という目的で旅券を下付されているものもいるのをみると、旅券の下付の心配は、むしろ酒井が集団入植計画を正面から相談したことが、排日問題が高まるなかで〝やぶ蛇〟となって問題化してしまった可能性もある。

こうして無事旅券を得たコロニー参加者の第一弾は、三々五々日本を離れ、フロリダへ向かった。すでにひとり現地に来ている井上信治に加えて、一九〇四年八月半ば、二人の入植者が到着した。一一月には、酒井ほか数人の日本人がサンフランシスコ経由で、フロリダに来ることになった。

これを知ったイングラハム社長はリカードに必要な準備を整えさせ、ジャクソンビルまで出迎えた。しかし、酒井だけは、途中でトランクをなくしてジャクソンビルまで戻ったためひとり遅れてしまい、一一月二六日になってようやくボカラトンに到着した。

「とりあえず今シーズンは、リカードに教えてもらって試しに作物をつくってみて、経験と専門知識を得たらどうだ」と、イングラハムは助言。

酒井は、「若者たちは大いにこれから期待できると喜んでいます。状況が許せばもっと多くの若者がやってきます」と、答えた。

リーダーを迎えて、いよいよ入植地では体制作りがはじまった。当面は、酒井たちは借りた土地で耕作をすることになった。イングラハムらは酒井たちの自立を手助けすることを目的として用地を用意して、住まい、農具、肥料などを提供した。また、収穫物の輸送についての取引の仕方などについて、事細かく相談にのり、「ムダな出費をしないように」といったアドバイスもした。イングラハムは酒井に彼の基本的な考えを、諭すように説明した。

「あなたは農業を学ぶ学生である若者をたばねています。彼らはなにも持たずにここへ来ました。彼らは、もっとも経済的な方法で、今シーズンは野菜を育てる実験的な試みをしようとしています。こうした経験と練習を積んで、上手に果物と野菜を育てれば自分たちの農場を作り上げていくことができます。成功させるためには、経済原則にのっとり、仕事を遂行しなくてはいけない。同じような状況に置かれたアメリカ人も成功のためにそうしています」

助言に従った酒井も満足した様子で、両者の関係は良好のうちに入植計画は進んだ。しかし、いくつか問題が発生した。酒井たちが必要とする器具や物資など基本的に必要なものはリカードが調達して、最終的にはモデルランドカンパニーが決済する契約になっているが、何が必要なのかは議論になることがあった。

象徴的な事柄が「馬」と「馬車」だった。農作業にあたって、馬と馬車が必要だという酒井に対して、維持費など経費を考えたら勧められないとイングラハムは反対した。最終的には、リカードの判断に任せられ、青年たちにとって馬は単に運搬手段だけのものではなく、気持ちを和ませる存在でもあると考え、酒井たちの気持ちを尊重して購入を容認した。

もうひとつ、イングラハムらが気を揉んだのは、酒井たちの存在を知って、さっそく土地の斡旋など商売の話を持ちかけるアメリカ人が現れてきたことだった。これらにも警戒するよう忠告した。

好奇の目で歓迎される

準備を整えている間に、日本から入植者がつぎつぎと到着した。その数は一九〇四年末に、およそ二〇人になった。酒井の義兄で、この事業のスポンサーでもある沖光三郎、酒井の弟で北海道の神谷家に養子に出た神谷為益、そして一番に来ていた井上信治や辻井愛輔。京都・丹後地方から来たものはほとんど地元の資産家の出であった。

このほか、すでにニューヨークにいたK・宮地や稲穂徳三郎、そしてエール大学（コネチカット州）を卒業後、アメリカにとどまった奥平昌國がいる。

昌國は、九州・中津藩の最後の藩主（九代）奥平昌邁の二男で、兄の昌恭（伯爵、貴族院議員）は奥平家の当主という家柄。本人も伯爵の爵位をもつ。一八八〇（明治一三）年生まれの昌國は、旧制中津中学の一期生で学習院へ進んだのち一九〇四（明治三七）年一月にエール大学に留学した。

ニューヨークの日本倶楽部を創設した高峰譲吉博士らとも親交があった昌國は、フロリダの農業に可能性を感じ、酒井のフロリダ・コロニー計画に賛同して、資金を投じ移住を考えていた。昌國はじめ奥平家はすでに東京の下屋敷を本拠地としていたが、故郷の大分県中津からも人を募ってこの入植計画のために呼び寄せた。昌國が考えていたのは資本を投下して、人を雇って農場経営をすることだった。がっしりとした体格で爵位をもつ昌國のことを、現地の新聞では勘違いして「日本の皇族も入植事業に関係している」と報ずることがあった。

彼らのなかには酒井をはじめ何人かが英語を話すほかスペイン語を話す者もいた。リカードは「みな聡明、勤勉で、物覚えが早く、礼儀正しくよく教育されていて普通の移民とは異なる。持ち物も清潔で洗練されている。外観も魅力的だ」とほめている。こうしたメンバーと比較すると、後に合流する助次が劣等感を感じるのも無理はなかった。

クリスマスイブには、リカードが日本人たちを自宅に招待してパーティーが開かれ、パームビーチの市長も訪れるなか、酒井たちは、日本の歌をきかせるなどして会を盛り上げた。

年が明けての明治三八（一九〇五）年元日、日本人入植者たちは、作物の集荷場に集まって「皇紀二五六五年」を祝った。チェサブロはじめ近隣に入植しているアメリカ人数人も訪れ夕食をともにした。ここでも歌をきかせたり相撲をとるなどして日本文化を披露した。

二月になると最初にしこんだトマトの収穫を迎え、まずまずの成果をあげた。こうした日本人の働きぶりに、ボカラトンの人々は好意ある関心を寄せ、必要とあれば援助をした。開墾のためには強く根を張ったスクラブパームをいくつも掘り起こさなければならない。戸惑う日本人に、入植者の先輩としてチェサブロは、機械を貸すなどさまざまな手助けをした。

カリフォルニア州など西部では、日本人に対する排斥運動がはじまり、この年サンフランシスコでは「アジア人排斥同盟」が結成された。日露戦争での日本の優勢も西海岸では脅威とうつり、排斥の気運を高める要因になっていた。

しかし、南フロリダではまったくといっていいほど問題になっていなかった。ジャクソンビル商議所のガーナー会頭は、アメリカ労働組合が日本人移民を排斥する動きを支持したことについて、アメリカにとって、特にフロリダにとって不利益であると批判し、酒井らの功績を認め日本人を擁護した。

三月一七日には、ニューヨークから内田総領事が、コロニーの現状を視察するため鉄道を乗り継ぎボカラトンにやってきた。帰路の途中では酒井とともに商業都市ジャクソンビルを訪れると、酒井の入植事業を歓迎してきたガーナー会頭らの招待で晩餐会に出席、ジェニングス知事とも会談した。

コロニーが順調に推移していると判断した内田は、これを評価しながらも、日本政府は入植に関しての出国については非常に厳しく、コロニーが成功していないなら参加希望者を出国させないだろうという見解も示した。しかし個人的には、技術や教育のある日本人が自己資本で農業に従事するのを楽しみにしていることを伝えた。

日本が対ロシアとの戦争を優勢に進めていることも話題にのぼり、内田はアメリカが日本に同情してくれたことを感謝し、アメリカ人もまた日本の勝利を祝福する雰囲気だった。

内紛と離反

トマト栽培は順調にいき、仮設のコロニーでの滑り出しは順調だった。ニューヨークで発行されていた日米週報は四月一日の記事でコロニーの様子として、

「酒井氏の指導の下に十五人の同胞身に汗を流し色黒々になりて精励して居らるる有様は実に

敬服の外はない。特に酒井氏を始め多数は文筆書籍を手にし居たる学者達にして中には歴々の方も居らるる由なれば我が大和民族を代表して斯くの如き名声を博せられたるも理あることと思ふ。氏は現今単にトメトーのみの耕作に従事せらるるも追て米作養蚕其他パインアップルの如きは来年頃より開始せらるる見込みなりと云ふ」と、伝えている。

しかし、問題はまったくないわけではなかった。収穫物を北部の市場に送るときにトラブルが起きた。契約した輸送会社が日本人のつくった荷造りのための建屋や方法に不満足で、改善するように注文してきたのだ。これが高圧的だったのかプライドの高い酒井ら日本人は苛立ち、イングラハムに抗議した。しかし、この会社と契約するのが当面もっとも経済的であり、従うしかなかった。

こうしたことが原因だったのか、酒井は一時モデルランドカンパニーに、マイアミよりさらに南で開墾できる未開発地を調査したいと伝えた。また、酒井たちに対してボカラトン以外の場所の土地を買わないかという外部からの誘いが頻繁に持ちかけられた。もし酒井たちが他の地へ事業を移すことになればモデルランドカンパニーが投資し援助したことが無駄になる。これを恐れたイングラハムは、その場所が遠く耕作に適さないから思いとどまるようにとリカードを通して説得した。また、酒井らに外部の業者を近づけないよう気を配った。

もっとも大きな問題は日本人の内部で起きた。一部の入植者が分離、独立したいと言い出し、リーダーである酒井に反旗を翻した。井上信治ら六人が連名で、コロニーの面倒見役のリカードに手紙で、酒井に対する不満を切々と訴えた。

「われわれは彼から独立するときがきた。私たちは非文明的な人たちのもとで働くことはできない。私たちの間で起きた非常に汚い恥ずべき問題についてはお話ししたくない。お聞きになりたくないでしょうが、お伝えしないわけにはいきません。

私たちがボカラトンに着いて以来の問題です。私たちは彼を信じて母国からはるか遠いこの地で希望を持ってはじめようとしていました。しかし、彼の私たちに対する扱いは徐々にひどくなったので、もう信用することができません。これ以上彼と一緒に働くことはできません。意見を聞かせてください。……かなり良質のトマトを二六〇〇収穫できました。これで負債も返済できます」

具体的な理由は書かれていないので事情は不明だが、予想外の事態にリカードやイングラハムは戸惑った。しかし、彼らとしてはあくまで酒井をリーダーとするひとつのコロニーと契約を結んでいるので、分裂は好ましくないという姿勢を示した。さっそくリカードらが間に入って、〝造反組〟をなだめ会社としての方針を説明した。

この結果、コロニーが二分されることはなかったが、井上ら数人はこのあとしばらくして早くもコロニーを去っていった。この問題がおさまったころ、日本人たちが切望していた馬が二頭届いた。若者たちは喜んで畑仕事や運搬にこの馬をつかった。

フロリダ州大和村

分裂騒動の間にもモデルランドカンパニーと酒井との間では、これまでの仮の農場から本格的な入植地をどこにするかについて交渉が続いていた。その結果、ボカラトンとその北隣のデルレイビーチのまちとの中間にある一帯が最有力候補となった。そこはワイマンと呼ばれる地域で、すでにキーストーン・プランテーションというパイナップル畑があった。

この土地の所有者が畑をそのままにして売りたい、と酒井に持ちかけてきたことから話がはじまった。自社の土地を購入して欲しいモデルランドカンパニーは、当然難色を示したが、このプランテーションに隣接する土地を所有していたため、プランテーションの土地の一部をモデルランドカンパニーが買い、自社の土地と合わせて一四〇エーカーを酒井たちに売却することになった。

こうして三者の間で話がまとまり、七月には、それまで小さな郵便局があるだけのようなワイマンに、いよいよ日本人による村＝ヤマトコロニーが誕生することになった。一九〇五年七月二二日付のニューヨークの日米週報は、「フロリダ州大和村」というタイトルで詳しく報じている。コロニーは大和村と書かれ、日本人の間では村と呼ばれた。

＊　＊　＊

酒井醸主任にて昨年来より経営せし、フロリダ州ボカラトンにて凡そ二十人許にて経営せし生産物は重に胡瓜トメト等なりしも思ひの外好結果四千弗余の収入ありと云う。来年度よりは同州ワイマンと云う所に移転し已に一千百エーカーの土地買入を契約し目下其の準備中にて主任者酒井氏は過日来当市にて売捌き方法農具機械等買入れの為滞在し組合の一人宮地氏は近々帰朝し大に日本移住の方策に付運動の由。移転すべきワイマンの土地は従来の場所より肥え運送の利便もよく、果物はアップルカット西瓜等野菜はトメトを主として胡瓜茄子ストリングビーンス等を植え付け又日本より珍しき種子を取り寄せて大いに拡張の由。今後はワイマンの土地を大和村と称して日本人永久的移住の先駆と為すべしと目下いわゆる大和村にある同胞は学士あり高等中学商業学校出身者あり、純粋の百姓は僅か二名なりと云う。我が同胞の斯かる永久事業に着手するは実に祝すべきことなり。

＊　＊　＊

このころ、日露戦争の終結に向けたロシアとの講和のため、全権を委任された外相の小村寿太郎らが、東海岸のニューハンプシャー州ポーツマスへと旅をしていた。一行を乗せた船ミネソタ号はシアトルに入港、鉄道でシカゴを経由してニューヨークに入った。内田総領事の出迎えで一行は講和の仲介役であるセオドア・ルーズベルト大統領と事前の協議をした。

ヘビやワニの湿地を開墾

ニューヨークで、日露講和のための準備がすすめられていた一九〇五年七月三一日、マイアミではヘンリー・フラグラーの広報紙ともいえる新聞、マイアミ・メトロポリス紙が、キーウェスト特集を出し、そのなかでフラグラーは、マイアミまで敷設されている鉄道をさらに海上に伸ばし、キーウェストまで建設する計画があることを正式に明らかにした。

計画では、フロリダ・キーズと呼ばれる大小何百という数の島々をつないで、海中に橋脚を建て、その上に鉄路をつなげていく。マイアミからキーウェストまでの総延長は二五一キロメートル。このうち半島を離れ海の上や湿地の上を走る部分はそのおよそ半分の一二一キロメートルに及ぶ。壮大かつ大胆な鉄道計画が正式に発進した。

この大計画に必死に取り組むフラグラーの耳に、日本人コロニーが南フロリダにできたことは届き、彼は歓迎の意を示した。一方、酒井をはじめフロリダの詳しい事情を知らなかった日本からの参加者にも、この計画は知らされ、その進展を遠くで聞きながら畑作りに日夜追われた。

亜熱帯の原野を開墾していく作業は、ただでさえきついのに、農作業に従事した経験がないインテリや資産家がほとんどを占める入植者たちは、戸惑うことが多かった。とくに初夏に入ってからは厳しさは増し、作業は難航した。コロニーのある場所は北緯二六度に位置し、那覇市と同位。南フロリダは熱帯性気候で、五月から一〇月ぐらいの間は、最高気温の平均は三〇度を超える。真夏は三八度（華氏一〇〇度）にもなる暑さと、時折り襲来する叩きつけるような雨、そして蚊の大群に悩まされた。蚊や蝿から身を守るため外で作業をするときは常にネットを頭から被

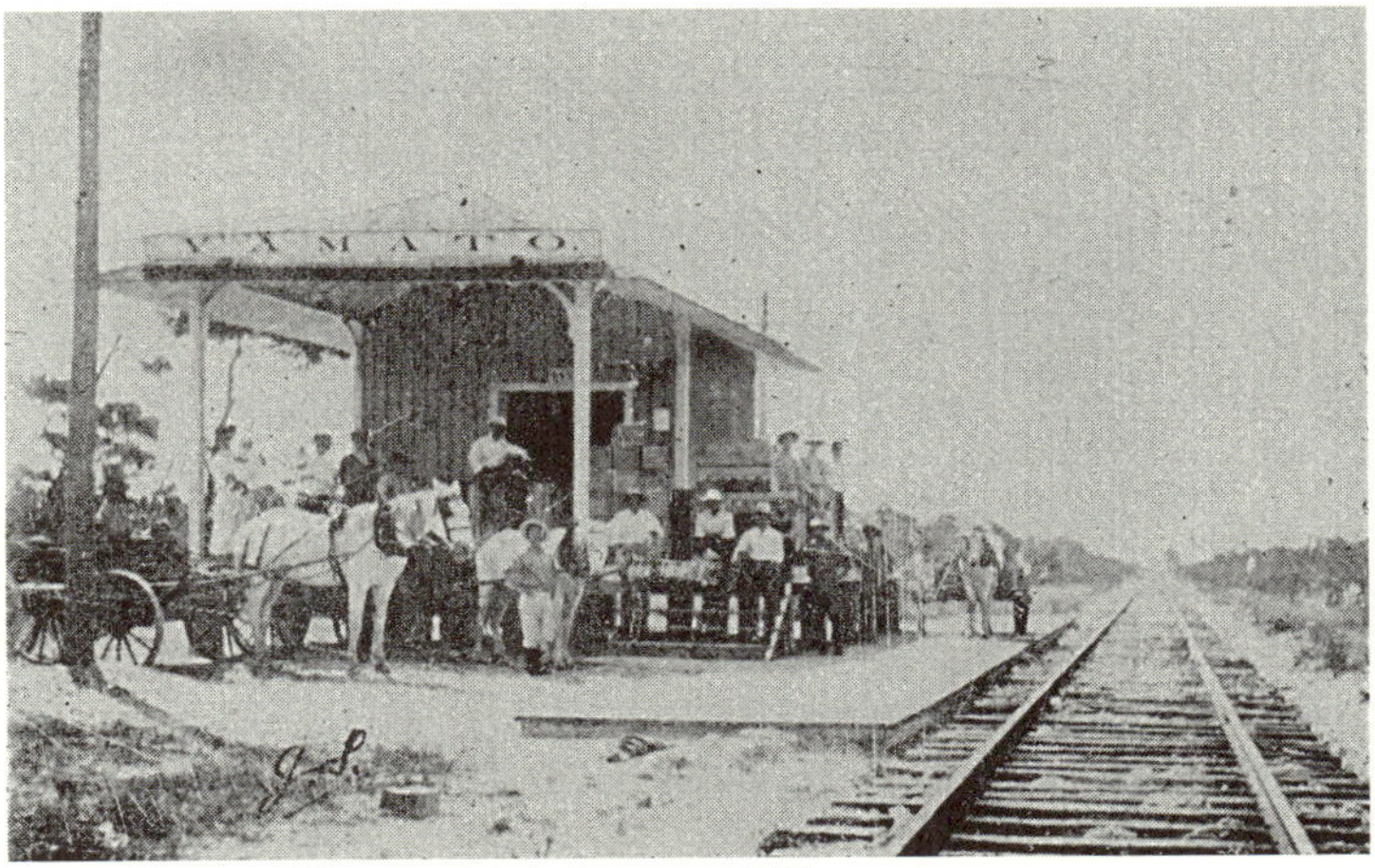

ヤマトコロニー近くにつくられたYAMATO駅
［©Morikami Museum and Japanese Gardens］

らなくてはならない。その状態で、椰子や松の木を切り根っこを掘り起こして整地していった。

機械はなく、鍬や熊手などをつかって手作業で少しずつ進めていくしかなかった。湿地が多いので排水のための工事も欠かせなかった。しかし、そうした対策を施しても、前が見えなくなるほど激しく雨が降ると、畑は冠水してしばしば作物は台無しになった。

ガラガラヘビやコーラル・スネーク、そしてワニに出合うこともあり、だれもが身をまもるためショットガンを持つようになった。また、強盗に攻め入られそうになったこともあった。銃で応戦しようとしたが、西部劇のように撃ち合う余裕などなく、ただ賊の方向へ発砲するのがせいぜいだったという恐ろしい経験だった。

線路沿いに集うヤマトコロニーの人々
[©Morikami Museum and Japanese Gardens]

それでも近隣のチェサブロなどの協力もあって少しずつ耕作地は広がり、松の木をつかって簡素な小屋も建てた。こうしてコロニーの基盤が整っていくなかで、画期的な出来事があった。コロニーの敷地や畑の近くを走るフロリダ・イースト・コースト鉄道に新しい駅ができたのだ。

開拓によって新たなまちが誕生していくアメリカでは、開拓・入植者の名を地名にしていくことは習わしのひとつで、日本人の入植地はヤマトと命名され、駅の名もヤマトとなった。

線路よりわずかに高いだけのプラットフォームの上に、細い柱に支えられた寄棟屋根の駅舎は、半分が吹きさらしの簡素なものだった。しかし、屋根にはしっかりと「YAMATO」と書かれた細長いプレートが掲げられた。

近くには、出荷する野菜やパイナップルなどを荷造りするパッキング・ハウスが建てられ、遠くニューヨークやシカゴなど北東部へ向けての出荷作業がこれによって効率よく行われることになった。

酒井はコロニーをできるだけ多くの日本人による共同体＝ムラとしてつくりあげようとしていた。そのために数十単位の家族を日本で募集して招こうとした。しかし、立ち上げ当初にはそれほど集まらず、また独身の男性ばかりだった。早くも井上のように去る者もでた。それでも、地縁血縁関係者が五月雨的に日本からやってきてコロニーに加わり、酒井の意図した日本人村は形を成してきた。

酒井は共同体の結束を図ろうとヤマトコロニー・アソシエーション（連盟）の結成をこう宣言した。

「設立の目的は、合衆国へわが日本人の間にある入植の精神を鼓舞し発展させること、理想のコロニーをつくりあげること、日本人コロニーとして高い原理と名誉を説くこと、地域の農作業を研究し改善すること、われわれが採用でき、フロリダの産業を推し進めるかもしれない日本の産業を紹介すること、相互の利益を保証すること。

また、連盟は日本人によって組織され構成員は日本人でなければならない。ヤマトコロニーに永久に居住するものは、入会金を支払った上で連盟の憲法と規則に統治されることに同意することによりメンバーになるだろう。

事務局を設け、幹事、秘書、会計担当を毎年六月の投票によって選ぶ。連盟のために基金をつくるためすべての構成員は、二エーカーのパイナップル畑の土地を助け合って整地し、パイナップルを植えて耕作する。連盟の一般支出はパイナップル畑からの生産によってまかなわれる。憲法や規則を破った者、あるいは真の日本人の精神に反するいかなる行為、また連盟や連盟の構成員に損害を与えるいかなる行為があっても会員資格を剥奪する。」

彼のコロニーにかける期待と理想は、この宣言に込められている。

助次、コロニーにたどり着く

一九〇六年、新たな入植者が日本から数人やってきた。森上助次が、そのなかのひとりだった。助次は、横浜を発ってから四八日目の五月一五日、ヤマトコロニーに到着した。この年、移民の取り扱いをめぐり日米関係は悪化していたが、依然としてアメリカに渡る日本人はあとを絶たず、シアトルやサンフランシスコに上陸して、西海岸の諸州をはじめ全米各地へと散っていった。

船旅に続いて、乗り心地の悪い鉄道での長旅、そして慣れない食事ですっかり憔悴した助次は、列車を降りると今度はジャングルのなかの道を荷馬車に揺られ、ようやく同胞の働く大和村にたどり着いたときは夜九時を回っていた。

助次が到着してみると、すでにかなりの面積の土地は畑に整地され、尖った葉が波のようにつづくパイナップル畑が砂地に広がっていた。畑をはずれると松の木が列をなしているところがあり、上の方だけにこんもりと葉を茂らせていた。住まいはまだほとんどがテントや粗末な板塀の掘っ立て小屋で、海が近いことから難破船の廃材が小屋づくりに利用されていた。

助次はさっそく酒井らとともに畑仕事にかかった。初夏とはいえすでにかなり暑苦しい。群れる蚊とその姿の大きいこと、そしてブーンという音を響かせて飛ぶ様は「まるで、トンボのようだ」と助次は唖然とした。蝿もまとわりつく。口や目に虫が入らないようにネットを被りながら暑さに堪え、まず整地をし、その後からパイナップルの苗を植えていった。

慣れない過酷な労働で、助次は最初の正月に熱病にかかりげっそりやせ細り、粉ミルクやクラッカーを食べてしのいだことがあった。

当時、フロリダでは主な都市で新聞が発行されていた。いくつかの新聞は、珍しい日本からの入植者たちの活動を興味深く観察し、ときどきその動向を知らせていた。ヤマトコロニーから六〇キロほど北のウェストパームビーチにある新聞トロピカルサンは、一九〇六年一〇月一三日付の記事で初めて日本人のコロニーを「Yamato」と紹介した。

このころ、ヤマトコロニーの近くにあるワイマンという名の地元の小さな郵便局も「Yamato」に変わった。この地域の住人はほとんどがヤマトコロニーの人間であり、酒井が当局へ働きかけ、郵便局を自分らで管理することにした。郵便の消印も「Yamato」と押され、また、妻帯者が増え家族ができると、ヤマト小学校もつくられるようになった。

入植してまもなくの一九〇五年三月、入植者たちはデイド郡の祭りに招待された。また七月にはマイアミ市で開かれた同市創立一〇周年の記念祝賀会に参加した。翌一九〇七年一一月の感謝祭のときには、酒井が主導して、モデルランドカンパニーのイングラハム社長一家をヤマトコロニーに招待した。ヤマト駅まで迎えに出た酒井夫妻に案内されてコロニーに到着したイングラハムは、室内が装飾によって東洋的な雰囲気を醸し出しているのに魅了された。

新聞記者にそのときの様子を語っている。

「出された料理には、真っ赤な甜菜と白い蕪《カブ》をともにバラの花のようにかたどってあしらったものなどがあり、見た目も味も素晴らしい。

食事のあとは柔道、相撲そして剣道の実演が披露され、剣道では一八人の逞しい若者が勝ち抜き戦を行った。特に、鎧（防具）に身を固めて竹でできた刀で、まるで本当の戦いのように激しく、相手を痛めつけるような真剣ぶりには目を見張った。実践のように頭、首、腕などを打ち込むことが得点になることもわかった。これらの道具は酒井が日本に帰国した際に持ち帰ったものだ。

続いて、居合わせたもの全員によって軍歌の合唱となった。軍服らしきものを着て剣を振りかざしての演技があり、その後は一転して、日本の音楽と歌がはじまった。一人の女性が二種類の弦楽器の伴奏で歌った。音の調子はやや奇妙に聞こえたが、中国の音楽のように激しく不調和で

デルレイの独立記念日パレードに参加［ⒸDelray Beach Historical Society］

はない」

ヤマトコロニーはボカラトンとデルレイビーチ（当時はデルレイ）の中間に位置するので、デルレイビーチの祭にもひとつの〝村〟として参加した。独立記念日に行われるパレードでは、独自の山車をつくってメインストリートをパレードした。一頭の馬に引かせた荷車には自分たちの主要な作物であるトマトの大きな模型を載せ、また二頭の馬が引くのは、神社の鳥居で、周りを花や星条旗などで飾り立てた。それぞれに数人が乗って誇らしげに手綱をさばいた。

縮緬の富、沖光三郎死す

一九〇六年一二月、コロニー計画がはじまって以来の「事件」がおきた。入植者のなかで最年長であり、酒井が進める事業の資金提供者である沖光三郎が死亡した。

当時一帯で腸チフスが流行し、近隣のコミュニティーでも数多くのアメリカ人が亡くなり、ヤマトコロニー内でもこの病に倒れた者がいた。沖の死因も腸チフスと思われた。

義弟である酒井の企画に賛同した沖は、コロニー建設に多額の資金を投資した。その額は地方で銀行ができるくらいだったといわれる。沖商店があった当時の丹後・峰山町には、「生糸縮緬、絹絲紡績」をはじめ「縮緬仲立業」、「生糸・縮緬仲買商」、「縮緬買次業」、「縮緬精錬業」、「縮緬各種製造・販売」、「蠶種製造販売」といったようにさまざまな生糸・縮緬関係の店が建ち並んだ。

縮緬とは、たて糸に無撚の生糸を、そしてよこ糸には強く撚りをかけた生糸を交互に織り込んでいき、その後精練することで最終的に生地に凹凸（シボ）ができる独特の風合いをもった織物をいう。

丹後地方は、古くから絹織物の産地で、享保五（一七二〇）年に峰山の絹屋佐平治が西陣からその技法を持ち込み、以来丹後半島一帯で製織が盛んになった。明治時代になってから庶民でも絹織物が身に付けられるようになったことや、訪問着や振り袖はみな縮緬でつくられるため需要は増していた。

丹後では、西南戦争（一八七七年）の後は、好景気が訪れ縮緬仲買商は繁盛した。その後経済恐慌が相次ぎ、倒産する商店も出てくるなど浮き沈みはあったが、日清、日露の両戦争を経て縮緬産業は活況を呈する。

明治二〇年ごろになると、峰山町で縮緬問屋街がかたちを現した。縦縞の細かな格子窓に、瓦屋根の立派な店構えの縮緬業の店をはじめ、料理屋、旅館、呉服屋、薬種問屋、材木商、そして自転車屋などが通りを埋めた。さらに明治三〇年ごろになると吉村商店など有力問屋は、京都の中心街、室町に支店を設けるようになった。このなかのひとつが沖商店だった。

一方、京都の白地問屋が峰山に設けられ、京都との往来が活発になると、富士紡、鐘紡、片倉など多くの生糸メーカーの関係者や、縮緬を買い付けに来る商人があとを断たなかった。料理屋では毎晩接待や商談のための酒宴が開かれ、芸妓の数も六〇、七〇人いたが〝花が売り切れる〟ほどの盛況ぶりだった。

縮緬の材料である生糸は日本の主要輸出品であり、輸出額は一八六八（明治元）年には六六五万円（輸出総額の約四割）だったのが、八二年には一九一四万円（同約五割）と成長した。さらに日清戦争時の九四、九五の両年は、およそ八七〇〇万円に膨らんだ。日清戦争の戦費が約二億円だったことをみればその額の大きさがわかる。

一九〇四年の日露戦争で輸出は低下するが、戦勝すると回復も早く、一九〇六年の輸出額は一億円を突破した。すでに生糸の直輸出のために三井物産など貿易商社はニューヨークに支店を出し、横浜には蚕糸外四品取引所が開設された。四品とは蚕糸、製茶、織物、海産物だが、生糸が中心であり、一般に生糸取引所と呼ばれた。

これによって生糸の公開価格が実現し、「生糸相場」ができあがり、同時に戦争などの影響を受けた景況の激しい変化のなかで、投機の対象としても生糸相場は加熱していた。

生糸・縮緬商は生糸を買い付け、家内工業的な「機屋」に織らせてこれを卸して商売としていた。しかし、関係業者のなかには、これとは別に生糸の取引を積極的に行う者も少なからずいた。

地方にいても生糸相場を判断するには国際情勢を視野に入れる必要があり、沖商店など峰山の大商人の目は世界に向けられていた。生糸の値が上がるだろうと予想すれば積極的に買い付け、また同時に相場では先に「買建玉」を建てておき、その通りになれば二重のもうけになる。生糸の動向を常時見ている縮緬業者のなかには相場に手をだし、一攫千金の僥倖に恵まれる者もあれば、一夜にして破産の憂き目に遭う者もいた。縮緬というあでやかな商品を扱う業界には、実はこうした投機性も裏について回った。

また、縮緬織物をアジアなど海外に販売しようという者もいた。沖と同じ峰山出身で、この時期、織物を行商しながら、台湾、フィリピン、上海、マカオ、香港やオーストラリアのシドニーなどを回り、のちにアメリカで成功した人物もいる。

縮緬産業の活況は地元にも還元された。吉村商店の吉村伊助は、地元に銀行を創立し、峰山町長や業界の重鎮となったほか、私財を投じて峰山町の上水道敷設に貢献した。また、地元の若い才能を育てようと財団を設立し育英事業をおこした。衆議院議員にも選出され公私ともども地域に貢献した。これも縮緬事業が生んだ財力の証しだった。

沖商店の場合はそれをアメリカにつぎ込んだのだった。金ぴか時代に石油で財をなしたフラグラーによるフロリダ開発の一画に、遠く日本で縮緬・生糸によってなされた財産がつぎ込まれたことになる。

しかし、四九歳で、神戸港からマンチュリア号に乗りサンフランシスコに上陸、フロリダに来た沖は、事業の成果を見ることはなく、その後約二年のフロリダ滞在の末生涯を閉じた。沖の遺体は荼毘に付され、葬儀はキリスト教のしきたりによってとりおこなわれた。コロニーの日本人二十数人が参列、その神妙な姿は周囲のアメリカ人に強い印象を与えた。


沖の死は、コロニーの人々に動揺を与えた。なかでも困惑したのは助次だった。借金を背負って来た助次は、当初の約束通り三年間働けば借金が清算でき、加えて沖から〝ボーナス〟として五〇〇ドルを受け取ることになっていたからだ。この額は、当時の移民の収入を見ると、鉄道工夫や農夫として働く一年間の収入に匹敵する大金である。その金を元手に、故郷に帰って果樹園をつくるのが当初の助次の夢だった。

沖が亡くなったいま、果たしてこの先、働いても五〇〇ドルを受け取ることができるのか不安だった。しかし一銭もない助次は、不安を抱えたまま働き続けるしかなかった。一方、沖が死亡したという知らせを受けた峰山の沖家では、いったい何が起きたか分からず、フロリダという土地を恐ろしいところだと感じていた。

キューバ産パイナップルに押される

沖光三郎の死後もコロニーの農園は変わりなく続けられ、パイナップルと野菜作りは順調に推移していた。一九〇八年一月一八日、酒井は「フロリダ通信」として、ニューヨークの日米週報に成果を報告した。

＊　＊　＊

本年の大和村は愈々有望となり未だ曾て見ざる盛況を呈し来れり。第一進歩せし点は昨年までの野菜地は借入主義なりしに本年度より各自五エーカー以上を買入殊に近村になき良質地を発見し只今は植付及植付準備最中なり。必ず本年大和村の日本人のみにても二万箱以上のトメトは出す可く総収入四万弗以上に達すべき見込なり。余は無人勝ち故に小作法にて矢張第一位大エーカレージにて試みつつあり。

小池総領事及大倉發身氏の来布は同氏等に多大の利益と満足とを与へたるを信ず。一度実地に当地を視察せらるる諸氏は必ず他の植民地に優る事を発見するなるべし。現に中嶋裁之君の如きは令弟をテキサスに開農せしめられんとせしも当地の将来最も有望なるを看取し君自ら進んで令弟を電報にて招き試作せらるるに徴しても察せらるべし。然れども最も容易なる農事と雖も経験注意とを要し単に投資の大小に依てのみ成功とするものにあらず。

左に示すのは本年度のパインアップル畑の見積収穫高反別表なり。

千五百箱　六エーカー　土井組
二百五十箱　一エーカー　村上組
千四百箱　四エーカー　酒井組
百箱　三分一エーカー　神谷組

＊　＊　＊

トマト栽培が好調なこと、土地を所有したため拡張が期待できることを示している。また、テキサスよりフロリダの方が有望だと来訪を勧誘している。

耕作にあたっては、酒井組、神谷組などとグループをつくり分担して収穫していた。耕作する土地を協同で取得することもあったが、個人で取得した場合は、各自の名前をつけて農場経営にあたった。

フロリダの農業について紹介する地元の雑誌でも、ヤマトコロニーでの生産の様子をときどき伝えている。一九〇八年夏には、次のような記事が出た。

「ヤマトからパイナップルがイギリスへも輸出された。ある者はトマト八〇〇箱を出荷し、一箱あたり二ドルの純利益を上げた。酒井らは、ヤマトからウェストパームビーチまで四〇キロ近くを自転車で商談のためにやってきた。酒井によれば、すでに列車八車両にパイナップルを積んで出荷し、さらに五両分出荷する予定だという。トマトの収穫は非常によいとはいえなかったが、今年の天候を考慮するとパイナップルはかなり満足できるという。(The Florida Farmaer's "The Homeseeker" July 1908)」

別の記事ではヤマトが成果を上げていると報じている。

「酒井のリーダーシップのもと一六人の男が、一九〇四年には一四〇エーカーの土地に定着し開墾をはじめて、いまでもおよそ七〇エーカーでパイナップルを耕作し、昨年は一〇〇エーカーで野菜を栽培した。さらに入植者個人個人が土地を購入している。彼らの土地はパイナップルの成長にみごとに適していて畑は見事だ。彼らは休むことなく、努力を実らせる働き方を知っている。コロニーはかならず成功するだろう。

いまは四〇人ほどが定着していて、そのなかには女性が二人いる。酒井は昨年日本に帰り妻を一緒に連れてきた。彼はパイナップルを二五エーカーつくろうとし、今年は大規模なグレープフルーツとほかの柑橘類を計画している。

奥平伯爵もコロニーにいるが、彼は二七エーカーのパイナップル畑をもち野菜畑にも興味をもっている」

記事はまた、一九〇八年はアメリカ全体が不況にみまわれるなか、フロリダではヤマトコロニーがある大西洋岸南部が影響を受けず、大量の野菜、パイナップルほか果実を北部に向けて出荷したこと、そして、この地域が州内のパイナップル耕作のかなりの部分を占め急速に成長し、開発は次の年も続くだろうという見方を示した。

しかし、こうした予想が出たのち、パイナップルが病原菌による胴枯れ病にかかってしまい生産量は激減する。また、安価なキューバ産のパイナップルにも押された。キューバ産が入ってきたことで、価格はそれ以前の三分の一まで下落してしまい、一九〇三年の時点ですでに、地元の農家の不満は高まり政府への保護を求める動きも出ていた。しかし、対抗できずパイナップル栽培は危機に瀕した。

ヤマトでは、パイナップルの作付けが全体の半分以上だったことから、パイナップルから野菜に重点を置きかえるよう路線を変更していった。これが功を奏して野菜栽培は順調に推移、ヤマトの野菜は高い評判を得、一エーカーあたりの生産高も増えてきた。

第四章　フロリダの日本人

日本から嫁を連れてくる

ヤマトコロニーのおもだったメンバーはもともと単身で渡米してきたが、何人かはのちに日本から妻を迎え入れた。まずリーダーの酒井が一九〇七（明治四〇）年、日本に戻り滋賀県滋賀郡膳所町（現在の大津市）の士族の家に生まれた川嶋貞と結婚した。一九歳で日本からヤマトにやってきた貞は最初の女性入植者となった。

夫の醸は、コロニーを共同体として成長させていくため、貞にリーダーの妻として他の婦人たちの中心となって内助の功に努めてほしいと願っていた。しかし、内向的な性格の貞は、求められるような仕事にはなかなか慣れなかった。加えてヤマトに来てみてあまりに未開発であることに失望した。それでも必要に応じて、インディアンと交渉して毛皮やトウモロコシを得るなど彼女なりに努力を重ねた。

二人が結婚した年の末に長男博が生まれた。しかし一歳と四ヵ月足らずで亡くなってしまう。悲しみも束の間、長女の睦子が誕生した。その後、酒井家は五女の伊津子まで五人の女の子をもうける。

酒井が結婚して二年後、弟の神谷も、郷里の宮津に戻り小学校の先生をする大石エツと結婚しヤマトに連れてきた。神谷家には、その後三男三女の六人が誕生する。沖と同じ峰山町（現在の京丹後市）出身の山内甚蔵は、一五年に日本に戻り同郷で縮緬問屋の娘と結婚しコロニーで家庭を築いた。

小林秀雄の生家は、兵庫県城崎郡奥竹野村（現在の豊岡市）という、日本海から竹野川に沿って上流へ一〇キロほど内陸に入った山間の地にあり、大地主だった。農業もしていたが、父親の藤助は県会議員をつとめたのち奥竹野村議、村長をつとめた。

明治一六年生まれの秀雄は四男で、親戚で丹後半島にいるコロニー初期のメンバー、辻井愛輔からアメリカ行きを誘われた。秀雄がフロリダで農業を始めたのは助次の翌年の一九〇七年。その一二年後に結婚のため日本に帰郷、相手の愛媛県松山市出身の河野梅子とは、式の直前に互いに初めて顔を合わせたという仲だった。式を挙げてすぐにフロリダにもどり家庭を築き、翌年長男の栄（セオドール）が生まれた。

かなり後になって参加した小林進は、島根県簸川郡平田町（現在の出雲市）出身。実家は代々医者で、次男の進は中学を卒業後、京都の立命館大学へ進学した。その後彼の姉妹が川嶋という京都の骨董品商と結婚、この川嶋の妹が酒井釀の妻である貞だった。酒井と縁戚関係ができたことで、小林進はアメリカでのコロニー事業に参加することになった。一九一四年に二二歳のとき、シアトルに到着、途中シカゴで一泊してヤマトへたどり着いた。先にコロニーに来ていた小林秀雄と区別するため、進はオスカー小林とのちに名乗った。

日本人の出稼ぎ移民の間では、互いに写真だけをみて結婚を決め、嫁を日本から呼び寄せる「写真花嫁」と呼ばれる方法がよくとられた。これに対しては、「非人間的だ」とアメリカ社会では批判された。ヤマトの男たちは小林秀雄の例でもわかるように、多くが日本に戻って嫁をさがし、現地で式を挙げてフロリダまで同伴してきた。それだけ経済的に恵まれていた。

一方早々去っていくものもいた。その理由は、ひとつにはパイナップルの将来性が不透明になったことが原因だった。また、蚊が原因のマラリアの危険をはじめ豪雨や高温多湿といったフロリダの自然条件に耐えきれなかったものもいる。

同志社英学校を出てアメリカに来ていたアキラ・ハダ・オオニシは外国人妻イオラとともに入植、コロニー最初の誕生となる子供をもうけたが、一九〇七年に妻が亡くなりコロニーを去った。妻がフランス人のタハラ夫妻も一時定住していたが、まもなく去っていった。

初期の主要メンバーの奥平昌國は、フロリダに居住地を定め農園を所有し、必要とあればニューヨークに物資の買い付けなどにでかけていった。しかし、昌國同様アメリカに留学経験のある奥平家の当主で、兄の昌恭に帰国を強く勧められたこともありヤマトを離れた。

家族連れで集うヤマトコロニーはじめフロリダに暮らす日本人（1922〜23年）
［©Morikami Museum and Japanese Gardens］

このほかの入植者としては、酒井がニューヨークなどで出会った人物やその関係者、そして人伝にコロニーの計画を聞いて参加した人たちがいる。

蘆田鹿蔵は北海道上川郡東旭川村（現在の旭川市）の出身で一九〇三年に渡米するが、翌年日露戦争で応召、勲六等を受ける。〇六年に妻帯して再び渡米、カリフォルニアを経て一四年になってヤマトに農地を購入して定住した。

岩手県盛岡市出身の吉田源五郎は一九〇七年にアメリカに渡り、翌年にヤマトに来て農園で働いた。その後、すでに家族とアメリカに来ていた青森県弘前市出身のジーン成田と結婚しヤマトで暮らした。

鹿児島県の薩摩半島出身の上釜庄美は、一九〇七年にアメリカに渡った。シアトルに上陸してからニューヨークへ移って給仕として働いた。しかし、ひどい風邪をひいたことがきっかけで寒い気候に耐えられなくなり、一九一七年にヤマトにやってきた。

一九〇八年の時点でヤマトコロニーには、日本人四〇人が一四〇エーカーの土地に定着していると、地元の雑誌に報じられたが、一九一〇年には三〇人弱に減った。日本人移民全体を見ても、一九〇九年から一〇年の間に八五〇〇人の日本人がアメリカに来た一方で、一万五〇〇〇人が日本に帰っている。

手づくりの暮らしは和洋折衷

ヤマトコロニーの入植者にとって、フロリダの自然環境は日本では経験したことのないようなものだった。家を吹き飛ばすほどのハリケーン、頻繁にくる豪雨や落雷、そうかとおもえば雨の降らない炎天が続くこともあった。

冬期に霜が降りることもあり、予想されるときは作物に寒冷紗のような布をかぶせ、その端を石で固定するなど対策をとった。しかし、豪雨による被害はほとんど防ぎようがなかった。通常、北部への作物の出荷は一一月の感謝祭のころにはじまるが、雨にやられた年は植え直してようやく一月に出荷できた。

ただ幸いなことに、水には困ることがなく、五メートルくらい掘れば水脈にあたり、石灰岩の岩盤を通して自然に浄化された水を利用でき、また井戸は容易に掘ることができた。

通常、もっとも作業の妨げになるのは大量の蚊で、これに加えて人を刺す蝿につねに悩まされた。頭からネットを被らなくてならず、夜間はネットに蚊が張り付いて前が見えなくなるくらいだった。

野生動物に関しては、気をつけなければいけないのはワニや毒をもったヘビとの遭遇だ。溝や灌漑用の水路などは要注意で、ガラガラヘビもいるので男たちはいつも長靴を履いていた。助次はウサギを罠でよく捕まえていたが、ときどきスカンクがかかってしまうことがあった。万一に備えて誰もがショットガンを所持し、これで馬に跨がるとまるで西部劇のカウボーイのようだった。実際、入植初期のころ西部劇のようになにものかに襲撃されたことがあり、護身のためにも武器を所持していた。


こうした厳しい条件のなかで、入植者は、パイナップルからはじまり、トマト、ナス、ピーマン、グリーン・ビーンズ（ライマ・マメ）、スクワッシュなどさまざまな野菜の栽培をてがけた。通常、播種は七月にはじまり、九月までに最初の収穫を終え、一一月の感謝祭のころまでに大規模な収穫を行う。そして翌年の五月まで収穫は続けられる。

畑作りは、最初はロバに鋤を引かせていたが、しばらくするとトラクターが導入された。生産物の運搬もロバや馬車からしだいにトラックで行うようになった。収穫した野菜の荷造り（箱詰め）は、鉄道のすぐ近くに建てられた協同のパッキング・ハウスや個人の建屋で行われるほか、協同で業者に委託契約することもあった。

箱詰めされた野菜は、氷で冷やした貨車に詰め込まれ、ニューヨークなど北東部の大都市やシカゴなど中西部、さらに太平洋岸に向けて出荷された。その際、さまざまな都市からの電報で知らされる相場から判断してもっとも高いところが優先された。まれに商品の質をめぐって問題が起きることがあった。雨で良質の野菜が生産できなかったとき、それでもすぐに送ってほしいという顧客の注文に応えて出荷したところ、質が悪いと訴訟になったこともあった。

畑づくりをはじめると同時に、入植者たちは家づくりもはじめた。ある程度の資産があればこそできる計画である。一九二二年に所帯を構えた小林進の家は、平屋で寝室が一つだが、大きなL字型のリビングと、台所に小部屋や収納を備えていた。

台所には手動のポンプがあり、これで水を汲み上げた。また、氷は、酒井の弟の神谷為益が開いた雑貨店で買いつけ、これを入れた冷蔵庫で生鮮食料品などを保存し、小部屋には、米、醤油、味噌を常時保管した。

夜は灯油ランプに灯りをともし、一月、二月のもっとも寒いころには灯油をつかって暖をとる。料理はオーブンをつかっておもに魚を調理したが、ビスケットも小林家はじめ各家庭で女性たちが好んでつくった。風呂の水は太陽熱で沸かすことができた。裏庭のデッキに置かれた二つの風呂桶に午前中に水を入れておくと、夕方には熱すぎるほどになった。

裏側には隣家はなく、フロリダらしい湿地帯のある自然の風景が広がっていたので、入浴は〝露天〟で気にせずできた。

隣りに建った二階建ての酒井家では、発電機による電気設備をととのえていた。貞夫人は、薪ストーブをつかって料理をし、風呂は日本的な木造りで深さのある湯船だった。

たいていの家庭では、料理につかう卵をとるため鶏を飼っていたが、よく使うベーコンや缶詰のソーセージやイワシ、パン、お米は神谷の雑貨店で買っていた。神谷家では、乳牛や豚を飼っていて、新鮮な牛乳は近所の人たちに売って、豚は市場に出していた。このほか畑の仕事などでつかうロバを飼っていた。

小林家では飛んできた一群の鶉をショットガンで撃つと、何羽かを捕らえ羽をむしり取って醤油と砂糖でバーベキューにして食べていた。日本では見られないような大きなバナナも好んで食べるようになり、また、小林家と酒井家の間には、グレープフルーツやライムの木が植えられていたので、ここから実をとっていた。新鮮な魚はそれほどの苦労なく海で釣ってくることができたし、デルレイビーチのまちでも手に入れることができた。

小林進一家の朝食はアメリカンスタイルで、果物、ベーコン、卵にトースト、そしてコーヒーだった。昼食はさまざまで、缶詰のソーセージやイワシとご飯をお茶漬けにすることもあったし、自家製の茄子やピーマンの漬け物を合わせることもあった。

夕食は和洋折衷で、魚は刺身にすることもあったし、揚げたり焼いたりして醤油や塩で味をつけた。肉料理では、鶏肉や牛肉をつかったすき焼きや、野菜をとりまぜたシチューも食卓にでた。白米や緑茶、そして漬け物はつねに用意されていた。

醤油や味噌はニューヨークから樽詰めのものを取り寄せていた。おなじようにかき餅もニューヨークからわざわざ取り寄せた。小林家では、コーヒーに入れる缶詰のミルクを買って、まれに薄めて料理にもつかっていた。山内甚蔵は、白米にケチャップをかけて食べるのが好みだった。

小林進一家では、洗濯は使用人に有料で頼んだ。汚れた衣類は週に一度洗剤と一緒に持って行かれ、洗い終わると進がとりに行って、自分でアイロンをかけて丁寧にたたんだ。一回一ドルだ。作業着やシーツ、下着は使用人のところに頼んだが、進の妻スエは自分のストッキングと子供のオムツだけは自分で洗っていた。

このころパンが一かたまり一五セントで、バーのビールがサンドイッチ付きで一グラス五セントだった。

神谷は農業経営の傍ら商店を開いた。日常生活に必要なものをほとんど取りそろえていて、日本人はじめ周辺のアメリカ人にも重宝された。食料品のほかに靴や作業着や時計も置いてあり、住人が自動車やトラクターを所有するようになってからは、ガソリンの給油もはじめた。ここでそろわなければ、人々はデルレイビーチのまちへ行った。そこには、医者もいるし薬も手に入るし、自動車修理も頼むことができた。このほか、すでにシアーズ・ローバックやモンゴメリー・ワードといったカタログ販売を利用して衣類や子供のおもちゃもメールオーダーで購入することができた。

スーツやドレスのように、もっと立派な商品を買うには、ヤマトの住人はパームビーチまで出かけて行った。とくに収入が多かったシーズンの後には、一度にいくつかのスーツを買うものもいた。男性は、上着に合わせて襟が取り外しできる絹のシャツを着ることがあったし、女性もまた絹のドレスを着た。

こういうおしゃれな人は自動車好きでもあり、車を毎年のように新車に買い換えた。小林進のように酒好きは、禁酒時代でも酒をケース単位で購入していた。

〝ジャップ・ロック〟に集う

ヤマトでは日曜日はだれもが休みで、近くのビーチで泳いだり釣りをしたりして楽しむほか、パームビーチで無声映画を見て食事をすることがあった。また、男たちは小林進の家に集まり、ビリヤードをし、トランプや花札に興じた。酒井の家では、醸がときどき子供たちをデルレイビーチの古い映画館に連れて行ったり、ときにはウェストパームビーチやマイアミまでみんなで映画を見に行ったりした。

収穫がおわり、次の播種を前にした六月は、みんな毎日のようにビーチにピクニックに出かけ

テントを張ってみんなでしばしばビーチパーティーを楽しんだ（1919年）
［提供 Sumiko Kobayashi］

た。海岸沿いに走る道を越えるとすぐ小さくこんもりした砂丘があり、その向こうに薄いベージュ色の砂浜が広がる。濃いミントの海は遠浅で、風のない日は、静かに波が横一線に砕けている。

フロリダの大西洋岸は、北から南まで一帯に砂浜が広がっている。三七キロ近くにわたってビーチが続き、二〇世紀のはじめからビーチでの自動車レースが行われたデイトナビーチをはじめパームビーチなど、その名が示す通り、海岸はビーチ（砂浜）にちなんだまちが数多い。

ヤマトのあるボカラトンとデルレイビーチあたりも幅広い砂浜が見渡す限り広がっている。しかし、ヤマトの日本人がピクニックに行くあたりにちょうどひとかたまり、人々が集まることができるほどの岩場があった。表面はごつごつしているがほぼ平らでわずかに海面に姿を現している。日本人はみんなこの場所を好んで、近くにテントを張って飲食を楽しんだ。

まさに日本人の独擅場のようになったこの場所は、地元の人々からいつしか〝ジャップ・ロック〟(Jap Rock)と呼ばれた。フロリダではまだジャップという言葉が蔑称だとは、使う方も呼ばれる方もそれほど認識していなかった。

この岩は、貝殻が化石化した石灰岩で、何年もの間に自然とこの貝のかたまりの周りに砂が積み上げられ、満潮の時に人がここに立つと、ちょうどくるぶしくらいまで水が被った。酒井や助次の郷里である宮津や丹後半島の海辺は、浜もあるが山が後方に迫った岩場が多い。日本人は少ない岩場に郷愁を誘われたようだった。

ビーチへのピクニックの日は、ランチのお弁当を用意して車で出かけた。釣りは大きな楽しみで、たいていいつもブルーフィッシュやスナッパー(フエダイ)などが釣れ、蟹もバケツにいっぱいになるほどとれる。小林秀雄は釣り竿やリールはつかわずに糸だけで魚を釣った。小魚をまずとり、それをエサにしてスナッパーやブルーランナー、また、ジャックという鯵のような魚をしとめた。小魚はトタン屋根の上で天日干しにして、サラダに入れるなどした。

男たちが釣りをしている間、女性や子供は貝を拾い集めた。送別会など、ちょっとした宴もここで開いた。小林秀雄は卵と小麦粉を練って手製のうどんをつくるのが得意だったし、神谷家は

豊年を祝うピクニック［ⒸMorikami Museum and Japanese Gardens］

みんなにふるまう鶏肉を持ってきた。漬け物はそれぞれの家庭が持ち寄った。

ピクニック以外でも仲間同士で集まると、たいていの男たちは酒を飲んだ。ビールはあまり人気がなく、ワインが飲まれることはあったが、一番好まれたのは禁止されていたウィスキーだった。一方、女性たちは、家事や子育ての合間に時間をみつけ集まってはお茶を飲んだり、クッキーや果物を食べたりしながらおしゃべりを楽しんだ。小林秀雄宅では、地元の食料品市場で緑茶を手に入れ、自宅で梅子夫人が簡単なお茶会を開いた。

また秀雄宅にはアイスクリームをつくる機械があって、バニラ・アイスクリームをつくってはふるまい、コロニーの子供たちに喜ばれた。

正月は年賀状の交換をして、神谷や小林進の家に集まって〝新年会の宴〟が開かれる。チキンの照り焼きをつくったり、ニューヨークからかまぼこや数の子、昆布巻きなどを取り寄せた。これらの多くが缶詰だった。酒井家では、サンフランシスコからお餅などを取り寄せていたが、長時間の輸送のため、到着した餅にはすっかりカビが生えていて、まずはそれを取り除いて調理した。

クリスマスには、アメリカの習慣にならって親しい友人間や家族の間でプレゼントの交換をし、独立記念日にはそろってデルレイビーチのまちに行き、子供たちはお小遣いをもらって楽しいひとときを過ごした。

収穫を終えた後には、みんなそろって野外へでて「豊年祝」を開いた。水路の側で、パームツリーを遠くに見て大きなテーブルを囲んで食事をする。蒸し暑いなかでも男たちは半袖、あるいは長袖のワイシャツを着て、なかには蝶ネクタイやネクタイを締める者もいる。女性たちは長袖

ヤマト小学校の子供たち（1922年）［©Morikami Museum and Japanese Gardens］

のワンピースを着たが、頭髪はお団子をのせたような島田を結っていた。これが西洋の髪型にかわるのは一九二〇年代のころである。

日本人以外のコミュニティーとのつきあいもはじまった。地域の名称にもなった「ヤマト」には白人家族も定住するようになり、そのなかには、小さな郵便局の局長一家や食料品店の経営者のほか、神谷の店で働いていた者もいる。日本人の子供も彼らの子供も、最初はボカラトンにある一クラスしかない〝学校〟に通い、その後ヤマトに学校ができると一緒に学んだ。やがてそれが閉鎖されると再びボカラトンに通うようになった。

近隣には、古くからの黒人家族も暮らしていたほか、農場には、南部の他州やバハマ諸島などカリブ海から来た黒人たちが働いていた。彼らが早朝働きながら歌っていたのを日本人はよく聴いていた。

ヤマトコロニーでは黒人も白人も雇っていて、白人はおもに出荷作業に、黒人はおもに畑仕事に従事していたが、なかには黒人の小作人もいた。日本人は彼らとの間で鮮魚とソーセージなどを物々交換した。このほか、たったひとりだけこの地域に暮らしていたネイティブ・インディアンとも交流があった。

家族のいない助次は、こうしたつきあいは多くはなかったが、正月などの宴会には顔を出していた。畑仕事では、彼は黒人を雇っていて、「働きが悪い」などとこぼしていた。しかし、だからといって助次をはじめほかの日本人も人種的な差別をすることはとくにはなく、日本人もまたまったくといっていいほど、少なくとも戦前は差別を受けることはなかった。

日本人入植者のほとんどは、もともとクリスチャンではなく、神谷のようにアメリカに来てからキリスト教の洗礼を受けたものもいた。また、神谷家や小林秀雄の家では、子供たちをデルレイビーチにある教会の日曜学校に通わせた。

失敗したもう一つのコロニー

ヤマトコロニーがはじまったころ、フロリダで暮らしていた日本人がほかにまったくいないわけではなかった。一九〇五、六年ごろ、マイアミで早くも日本美術雑貨店を開いた日本人がいた。一九世紀末に南方熊楠がいたジャクソンビルでは一九〇七、〇八年ごろに洋食店を開いた日本人がいる。

その後、一九一〇年代以降、日本では大正時代になると、数は少ないが西海岸の諸州から日本人が移ってきた。メキシコ湾岸沿いのセントピーターズバーグでは、一九一五年ごろから日本人が移住し、日本雑貨店や洋食店を開いた。同じ湾岸でもっと南のフォートマイヤーズにも日本人が住んでいた。

変ったところでは、半島内陸のオキチョビー湖の南西湖畔の地に、一九一五年に一〇人ほどの日本人がサトウキビ畑の仕事で移住してきた。しかし、ほとんどが一九一九年までにその地を去った。その後この地がクルーイストンというまちになると、渡辺という夫妻だけが残った。夫妻ははじめはアメリカ人の家内使用人として働いていたが、一九二二年からワタナベホテルというホテルを経営。地元の人からは〝パパ・ワタナベ、マダム・ワタナベ〟と呼ばれ親しまれた。ホテル経営は成功し二六年には新館に移ったが、一年後に夫妻は日本へ帰ったという。

愛知県出身の山田義一はコロラド、カンザス、オハイオ、ニューヨークの各州で働いた後、一九二二年にフロリダのデイトナビーチでホテルを経営、一九二九年にマイアミに移り、同じ愛知県出身で、ニューヨークなどをへてマイアミに来た田中知敏とともに食品会社を興した。一九二六年には東京出身の中村貞次がテキサス州ヒューストンを経てマイアミに移住した。

こうした日本人移住のなかで、ヤマトのように集団でコロニーをつくろうという計画が実はもうひとつあった。カリフォルニアで排日の気運が高まり、一九一三年には外国人による土地所有を制限する法律が制定されたころ、ロサンゼルスに事務所を構え通訳や土地売買の斡旋などをする茂木清吾が、カリフォルニアの日本人にジャクソンビル近郊の土地を斡旋した。この土地は、酒井たち日本人の入植に理解を示し協力したフロリダ州の当時の知事ウィリアム・ジェニングスの所有地であり、彼は日本人をここへ呼び入れようとしていた。

フロリダ州はもともと日本人移住に対して敵対的な姿勢はとってこなかった。また、ルーズベルトの跡を継いでこの年大統領に就任した民主党のウッドロウ・ウィルソンも、カリフォルニアの排日土地法案には反対した。

ウィルソン政権で、国務長官として法案制定を阻止しようと、カリフォルニア議会などに働きかけたのが、ジェニングス知事の従兄弟であるウィリアム・ジェニングス・ブライアンだった。彼は三度民主党の大統領候補にもなった名演説家として知られる政治家で、日本人移民を締め出すような法案は日米関係の緊張を高めるとして反対だった。しかし結局カリフォルニアでは法案は制定されてしまったこともあり、彼の従兄弟にあたるジェニングス知事は、排斥される日本人を入植させたらどうかと考えたと見られる。

この計画に呼応してまず一〇月半ばまでに二九人がフロリダへやってきた。一団は列車を貸し切り大陸を横断して到着した。売り出されたのは全体で六万エーカーあり、茂木らは引き続き希望者を募り、事業としては合計一〇〇人くらいを移住させる目論見だった。

この動きを察知して、排日の立場からサンフランシスコ・エグザミナー紙は、さっそく「CALIFORNIA JAPS RUSH TO FLORIDA（カリフォルニアの日本人どもがフロリダに押し寄せてくる）」という見出しで、この動きを報じた。

何百人ものカリフォルニアの日本人が、排日による難を逃れるため、新天地としてフロリダへ来る計画があり、現地は〝黄禍〟の恐れで揺れている、と日本人の脅威を煽った。そして、カリフォルニアのように外国人の土地所有を制限する法律を制定しないと、フロリダから日本人を閉め出すことはできないと警告した。

さらに、同州選出の下院議員であるフランク・クラークが、日本人の入植計画に異議を表明し、一部の新聞も入植は問題ありと報じた。

黒人に対して差別主義をとるクラークは同州知事に宛てた書面で、人種上の違いを持ち出し「日本人は白人に同化することはできないから、アジア人の移住計画には反対である」と訴え、日本人による土地所有を禁止する法律の制定を求めた。

日本政府は、カリフォルニアで広まっている排日の動きが、クラークの言動でさらに各地に広まることに神経をとがらせて早速対応策をとった。ニューヨークの飯島亀太郎総領事が日本倶楽部会長の高峰譲吉博士に頼み、高峰の義弟でありクラークの知人であるニューヨーク選出の下院議員を通じて、クラークへの宥和を働きかけた。

その一方でフロリダの実情にもっとも詳しい酒井醸に宛てて、日本人の移住問題についての意見を求めた。これに対して酒井は、ヤマトコロニーの現状を含めて丁寧に返答している。まずフロリダ州の東部について、「ヘンリー・フラグラーが所有するフロリダ・イースト・コースト鉄道が州から優遇されて、投資して開発した結果、東部のほとんどはこの一七、一八年でアメリカの最良の避寒地となり、冬期の野菜耕作地となった」と解説。

自分たちの入植については、「亡命ロシア人の一部を除いて周囲に歓迎されており、フロリダ・イースト・コースト鉄道と契約して、同社の保護の下に移民をして一所懸命農業に従事してきた。不幸にもパイナップル耕作はキューバからの安い産品に押され、大打撃を受けたが、二、三年前から主に冬期野菜に力を入れたところ有望になっている。入植者のなかには目先の利益を見るような者もいて彼らはヤマトを去ったが、当地は冬期野菜の第一の生産地として知られるようにもなり、今日まで近隣からの自分たちに対する排日の声はまったくない」と説明している。

そしてカリフォルニアでの排日の事件が起きていることに触れながら、「……小生ハ何故ニ同胞ハ当地方ニ来リ真正ノ大和民族ヲ紹介セズヤト申居候……」と、フロリダへの入植を勧誘している。

酒井はまた、クラーク議員が、フロリダ・イースト・コースト鉄道の援助で選出されていること議員としての資質に問題があるという評判を知らせた。ただし茂木のフロリダへの入植計画については、善良な自営農業者が来ることを歓迎するとしながらも、「土地売買を目的とし、だれかれかまわず土地を売ることは問題あり」とし、また、計画予定地は到底発展の見込みのない場所であると、計画そのものの実現性を疑問視している。

日本の在米大使館と領事館は本国と連絡を取り合い、一〇月一七日に茂木本人からも事情を聞き、ことを荒立てないために人目を引くような行動は控えるように「懇愈」した。茂木からは日本人がさしあたり植え付けるのはジャガイモであり、冬に種を蒔けば翌年四月末までは移住者を誘う必要もなく、さしあたり八人は耕作のため移住する必要がある、という報告を受けたので了解した。

入植地近くの名前をとってミドルバーグコロニーと名づけた場所で、移住者は開墾し作付けもした。しかし、土壌や作物の輸送機関に難があり、短期間で数家族が残るだけになり最終的には失敗に終わった。入植者はジャクソンビル郊外など州内やカリフォルニアなど他州へ去っていき、酒井が忠告した通りの結果に終わった。

第五章　誤算から再出発

助次、小学校で学ぶ

ヤマトコロニーの将来に見切りをつけたものは去り、家族を構えたものは定着した。助次は日本に帰って結婚し、妻を連れてくる余裕などとてもなく、さらに心配していたように、沖光三郎との間で取り交わした五〇〇ドルのボーナスの約束は自然と反故にされてしまった。

「借金は返したけれど、結局無一文だ、ここにいて仕事をするしかない」と、助次はあきらめた。と同時に将来に不安を覚えた。コロニーのほとんどのメンバーは、インテリで英語がわかるが自分はなにもわからないし学もない。

そこで助次は、アメリカ人の家に住み込みで働くことが英語を覚える最良の方法と考え、新聞に〝住込みで働きます〟という広告を出した。その結果、ひとりコロニーを離れて、二〇〇キロほど北の海沿いのまちオギャリー（Eau Gallie）の造船業者のもとで働くことになった。

若き日の森上助次［©Morikami Museum and Japanese Gardens］

しかし、月給一〇ドルの仕事は、長時間の上に非常に骨の折れる肉体労働で、英語の勉強にはほとんどならなかった。やはり勉強するためには学校に行くしかないと思い直した助次は、そのための資金を得ようと、仕事に見切りをつけて、まちからはずれた場所に土地を借りて小さな農園をつくった。

ニンジン、カブ、トマトを栽培し、収穫しては麻布の袋に入れた。もともと一袋二〇〇ポンド（約九一キロ）の肥料が入っていた袋に、助次は収穫した野菜を目一杯入れて肩に担いで、草の生い茂る砂混じりの道を、時折足を取られながら六〇キロ以上離れたまちまで行商に歩いた。新鮮な野菜は希少で、特に夏場は数が少なくなるので売るには困らなかった。

しかし、英語が学べる学校に行けるほどの金は蓄えられそうもなかった。そこで行商にも見切りをつけ、一年間地元の小学校で学ばせてくれないだろうかと考え、学校に願い出た。当初、学校関係者からは反対意見がでたが、オギャリーで農園を経営している日本人で、もともとヤマトコロニーに参加していた大井実が、学校へ行き、助次がいかに向学心をもっているかを説明し、一緒に学ばせてやってほしいとかけあってくれた。そのおかげで就学が認められ、助次は大井の家に寄宿しながら五年生のクラスに通うことになった。

二三歳の日本人がアメリカ人の子供たちと一緒に席を並べる。助次は小柄だとはいえ、子供たちと並べばその体つきや風貌は異様である。子供たちは机を並べた外国人の大人を奇異な目で見ていた。しかし、持ち前の笑顔や人懐っこい物腰の助次は、ほどなくして受け入れられた。大井は保護者として、毎学期に助次が持ってくる成績表に目を通した。助次にとってはかなりしんどい体験だったが、成績はいつも優秀だった。助次はこれで英語の基礎やアメリカの文化を身につけることができた。

これより少し前、郷里の宮津では、かつて結婚を申し込んだ女性、鬼沢はつが結婚したことを、実家からの便りで助次は知らされた。一八歳のはつは、国鉄に勤める同じ宮津の人と親同士が決めたお見合いで結婚したという。五〇〇ドルのボーナスの話がなくなったときに結婚を申し込むどころか帰国も断念せざるをえなかった助次は、はつの結婚を知り〝意中の人は去った〟とさらに肩を落とすばかりだった。

借りた畑で大収穫

一年後、助次はヤマトコロニーに戻った。ヤマトではパイナップルが大打撃を受けた後トマトなど野菜栽培が順調で、市場の値もよく、利益を上げていた。助次は酒井釀が所有する小屋で寝泊まりさせてもらい、野菜作りをはじめようとした。しかし、現金も土地もないので友人に自分を雇ってもらえないかと相談したところ、ちょうど整地しかけた半エーカーの土地を貸してもらえることになった。

サッカーコートの半分ほどの土地だが、鍬と熊手とショベルを使ってのひとりの農作業だから十分な広さだ。知人は、もし整地して畑をつくって、作物を収穫できるようにしてくれるのなら賃料はいらないという。

だが、助次には種や肥料すら買える金はなかった。そこで、アメリカ人が経営する店に取引をもちかけた。

「少しばかり農業をしたいのだが、私にはお金がない。作物が収穫できるまで必要なものをいただけないだろうか」

すると店主は、

「私は、あんたのことを知らないが、あんたの国の人たちは正直らしいし、いいよ、肥料や日用品でも必要なものは持って行きなよ。作物ができたらそれで支払ってもらうよ」

と、気前よく引き受けてくれた。

お陰で助次は、肥料や生活に必要なものを、パンツからシャツも含めて入手することができた。肥料については、直接代理店と交渉すると、これもまた作物ができたとき支払う、という条件で提供してもらえることになった。

土地を貸してくれた友人宅の空いている部屋に居候させてもらうことにもなった。しばらくして道具を購入した。鍬（一ドル二五セント）、斧（一ドル五〇セント）、ショベル（一ドル二五セント）、そして亜鉛メッキのバケツ（二五セント）をそろえた。

しかし、値の張る手押し車は買えなかった。仕方なく助次は出荷時に作物を担いでいった。ここでも二〇〇ポンド（約九一キロ）の重さの麻袋を肩に載せ、袋の端を地面にこすりつけるようにして時間をかけて運んでいった。運び終わると疲れ果てて動けないほどの重労働だった。ようやく現金を手にすると、助次はまず手押し車を買った。

雨の季節になるとずっと降り続くことがあり作業はよりきつくなる。降ればすべての作物は水に浸かる。しかし、助次の畑は川のすぐ近くで、水を逃がすには適していた。また、助次は畝をかなり盛り上げて、その中央に一列だけ苗を植えていった。畝と畝の間隔も二・五フィート（約七六センチ）あけて冠水を防いだ。これが功を奏して作物は素晴らしい出来栄えだった。

とくにトマトの出来はよく、虫も付いていないし病気もないグリーントマトが、一日で容れ物八四個分も収穫出来たことがあった。この容れ物をブッシェルというが、ブッシェルは容量の単位でもあり、一ブッシェルは約三五リットルになる。これを八四個分、助次ひとりで収穫したこともあった。

集荷場まで運んでいき、箱詰めして売り出すと値段も上々で、合計二二四ドルも売り上げた。このシーズンが終わると、経費を引いても手元に一〇〇〇ドルもの金が残った。かつて助次が手にすることができなかったボーナスの二倍が手に入った。渡米から六年後、一九一二年のことだった。

メールオーダーが大繁盛

借りた土地で成功した助次は、このころから土地を少しずつ買いはじめた。かならずしもつながっている土地を買い増していくのではなく、ポツン、ポツンとあちこちに土地を所有した。なかには一エーカー一五ドルで買えた土地もあった。日本に帰国する仲間からも土地を購入、初めて自前の土地で五、六人の黒人を雇って畑作もはじめた。

また、助次は収穫物の販売方法について新たな方法を試みた。それまで多くの生産者は収穫物を仲買に売り、仲買が出荷や市場への販売を牛耳っていた。農家によっては委託販売に出していたところもあったが、いったいどのくらい売れるのかは不透明だった。

そのうち仲買が、生産者に代わって顧客に対して毎週生産量や価格の見積もりを発信した。トマト、ビーンズなど、どの野菜がどのくらいの量、いくらで出荷できるかといったリストがつくられ、それがレストランやホテルや小売店に届けられる。これをみて顧客は、注文に見合う産物を仲買を通して農家から相場で購入することになり、農家にとっても需要が把握でき、効率よく利益をあげることができた。しかしこの過程で仲買は、生産物の一バスケットあたりおよそ一ドルもうけていた。

これを知った助次は、自分で直接顧客から注文をとろうと考えた。必要なのは顧客のリストである。そこで彼はまず地元の銀行へ行き南部諸州のブルー・ブック（紳士録）を借りてきた。分厚く重い〝本〟を二、三週間かけて吟味し、フロリダをはじめ、アラバマ、ノースカロライナ、ケンタッキー、テネシー、ヴァージニア、ウェストヴァージニアの各州にいる顧客となりそうな約三〇〇人の住所、氏名を拾い出しメーリングリストを作成した。

つぎに返信付きのはがきを用意、一方に生産物について価格などの情報を記し、もう一方は注文書の書式を整えた。かかるコストははがき代だけ、最初の注文はトマトが五箱だったが、これが徐々に増えて、はがきを送付したうちの約半分から注文が来るようになった。品質に顧客が満足した証拠だった。

すでにジョージ・モリカミとアメリカ名を名乗っていた助次は、「ジョージ・S・モリカミ・カンパニー」の名称でビジネスをはじめた。顧客名簿も増えてきて、南部に留まらず、西海岸のカリフォルニア州やワシントン州、さらにアラスカからも注文が来るようになった。輸送はフロリダ・イースト・コースト鉄道からはじまり、あとは全米に広がる鉄道網を利用して送られた。毎日午後三時、ヤマト駅に到着するマイアミからの急行に出荷物を積みこんだ。

これが三、四年続いて助次はかなりの利益をあげ、銀行口座の額は増え続けた。生活も一気に変わり、高級ホテルに寝泊まりし食事をするほど羽振りがよくなる。しかし、多くの人からの注文が増えていくなかで、次第にストレスが溜まっていった。注文があれば出荷物を用意しなければならないが、ときには品物がない場合がある。

なんとしても注文に応えなければいけないという責任を感じていた助次は、他所から買ってまでも品物を集めて送ることもあった。この苦労が重なって健康を害し、重い胃潰瘍を患ってしまった。それでもなんとかビジネスは続けて、その一方で土地を少しずつ買い増していった。ちょうどフロリダの土地ブームがはじまったころだった。

第六章　土地ブームとその崩壊

鉄路、海上を渡りキーウェストまで繋がる

ヤマトコロニーが生産基盤を整えたころ、フロリダ州全体の開発は助走に入ったところだった。一九〇五年からはじまったキーウェストまでの鉄道工事は、陸上部分は順調に推移したものの、海上での敷設にかかると難航した。

工事に際しては、アメリカ国内をはじめキューバや西インド諸島のケイマン諸島からも労働者を募り、現場では常に約三〇〇〇人が従事していた。海水の流入を防ぐために防水堰をつくって泥をかき出し、そこに杭を打ち込み、セメントを流し込んで橋脚をつくっていく。これに対応できる良質のセメントはドイツからわざわざ輸入した。

強風や波を受けながらの難しい工事を強いられるうえ、何度かハリケーンに襲われた。特に助次がフロリダに来た一九〇六年一〇月の台風では工事はもっとも大きな被害を受けた。一時間あ

海上の鉄路を走る列車［©Flagler Museum］

たりの風速一二五マイル（約二〇〇キロ）の強風によって、海上に設置されていた作業のためのキャンプ設備は破壊され、七〇人が海上に吹き飛ばされて消息を絶った。流されたのち救助された作業員のなかには、はるかロンドンやブエノスアイレス沖で見つかったものもいた。

この時の被害を教訓に、強固なハリケーン対策を講じたことで、以後の工事では被害を最小限に食い止めることができた。その結果、当初の計画より四年は遅れたものの一九一二年一月二一日、とうとうフラグラーが夢見たキーウェストまでの線路は一本につながった。

翌二二日午前一〇時四三分、歴史的偉業の完成を記念して最初の列車が、海上の鉄路を走りキーウェストに到着した。

駅周辺にはキーウェストの住人はじめ何万人もが集まり、この一番列車を出迎え歓声を上げた。カリブの各地から集まってきた住人たちの声には、スペイン語やフランス語がまじっていた。

列車からは、この大計画の主であるヘンリー・フラグラーや側近らが駅に降り立ち、その後盛大な歓迎式典が開かれた。マイアミ・ヘラルド紙はこの偉業を「世界で八番目の奇跡」と報じた。

こうしてアメリカ本土は、大西洋に沿って北部から最南端まで線路がつながった。列車は最終的にはキーウェストの桟橋近くに到着、そこから蒸気船に乗り換えれば、キューバのハバナへと向かう旅のルートもできた。

「ハバナ・スペシャル」と名づけられた列車は、はるか北のボストンを夕方発つと、ニューヨークやワシントンDCを経由し、ノース・カロライナ、サウス・カロライナ、ジョージアを経てフロリダに入り、三日目の昼にキーウェストに到着する。そして翌日昼前の蒸気船に乗れば旅客は夕方にはハバナの港に降り立つことができた。

キーウェストまでの鉄道貫通が完遂した翌年の一九一三年五月二〇日、ヘンリー・フラグラーはパームビーチで八三歳の生涯を閉じた。

マイアミビーチ開発にも日本人が

フラグラーの死後も、南フロリダの開発は止まることはなかった。その象徴的な現場にマイアミビーチがある。一八九六年にフロリダ・イースト・コースト鉄道がまずマイアミまで伸びると、避寒地として人気を集めたこの地にホテルが建ち並んだ。そして、マイアミの東側、ビスケーン湾を挟んだ向こう側にある南北に延びた砂州、マイアミビーチでも大規模な不動産の開発がはじまった。

この事業に乗り出した筆頭にカール・フィッシャーという実業家がいる。中西部インディアナポリス出身の彼は、有名なインディアナポリスのカーレース場の創設に投資、さらにアメリカを横断する高速道路の建設を実現し、一九一〇年にマイアミに遊びに来たのをきっかけに、自然のままの砂州であるマイアミビーチの開発に乗り出した。

土地を取得して木々を根こそぎ伐採して整地。さらに浚渫による土砂を利用して土地をならし宅地として分譲。並行して道路を整備してホテルを建設した。彼が目指したのは、富裕層のためのリゾート建設で、島を横切る通りには椰子の木を植えて、高級ショッピング街を計画した。

開発工事にあたってフィッシャーは有能な人材を募集するため新聞に広告を出した。これに応募したなかに〝出稼ぎ移民〟としてサンフランシスコにいた日本人、田代重三がいた。田代の実家は、神奈川県足柄上郡南足柄村（現在の南足柄市）で、養蚕業を営んでいた。しかし、父親が事業を広げようとして失敗し、当時多額の負債を抱えてしまったため、「日本でそれを取り戻すには一生かかる、それならアメリカで稼いでこよう」と、一八九九年、二つ年上の兄長太郎とともにサンフランシスコに渡った。

アメリカに着いてからは、兄弟は農作業をはじめ鉄道工事や造園業などさまざまな仕事をこな

開発後まもないマイアミビーチの光景［提供Joseph E. Tashiro］

して金を貯め、一年も経たないうちに日本での負債を返済した。

新聞広告を見て、田代がフィッシャーへ手紙を送ったところ採用が決まり、早速サンフランシスコからフロリダへ来て、一九一六年にカール・フィッシャーの下で働くようになった。田代は、のちに助次とも付き合うようになるが、このころは七〇、八〇キロ北にあるヤマトコロニーの存在はほとんど知らなかったようだ。

マイアミビーチに来てからしばらくしてサンフラシスコにいた知人の須藤幸太郎にも声をかけると、彼も一緒に働くことになった。二人は造園の技術を生かして、開発から緑化などを任された。

水辺に群生するマングローブの木を伐採

し、原野ではスクラブ・パームというそれほど背の高くない木をひたすら根っこから掘り返し、ブルドーザーでならした。また、海を浚渫し土砂を盛っては整地をした。ホテルやポロ競技場やゴルフコース、住宅地などの基礎をつくった。しばらくして、重三は、その仕事ぶりを評価されフィッシャーが経営する不動産会社の造園責任者の地位に就いた。

約四年間働いた後、重三は独立し、兄の長太郎とマイアミビーチ市内で園芸・造園のための「マイアミ・ビーチ・ナーサリーズ」という店を開いた。植物を育てて管理し、さらに販売することを業とした。まもなく長太郎は帰国し、重三が事業を切り盛りした。

マイアミビーチには金持ちが徐々に集まりはじめ、田代は豪邸の仕事も請け負ったが、そのなかには、大富豪ヴァンダービルト家の一員であるウィリアム・ヴァンダービルトの所有地もある。パームビーチ、マイアミ、そしてマイアミビーチなど、南フロリダでのいくつもの開発拠点ができると、それがやがて線になりさらに面となっていった。こうしてヤマトコロニー周辺にもまもなくリゾート開発をあてこんだ土地ブームがやってきた。

五〇四ページの新聞発行

一九二〇年代に入ると、フロリダの土地ブームは過熱する一方だった。このころ、アメリカでは、経済成長による所得の増加を背景に、大都市で働く人たちが、それまでの勤勉で禁欲的な生活から解き放たれて、有給休暇を利用してバケーションにでかけるようになる。自家用車の普及がこの動きに拍車をかけた。

ニューヨークなど北東部の都市生活者は、温暖な気候に憧れフロリダへ押し寄せた。特にリゾート地として注目された南部フロリダは旅先としてだけでなく、避寒のウィンターハウスのための魅力ある地として、人々の所有欲と投機欲をかき立てた。それまでフロリダに来る人は、高齢者やお金持ちや療養が必要な人だったが、二〇年代になってからは中産階級のアメリカ人が家族連れでやってきた。

彼らを受け入れるためのホテルやカジノが建設され、建物や街は、「南カリフォルニア風」や、「リビエラを意識した地中海風」をモデルにしてできあがっていった。

不動産を買おうというのも普通の人で、資金がなくても信用があればクレジットで買うことができた。実際にリゾートハウスを持って優雅に暮らすことを望む人たちもいたが、ほとんどが転売を目的として利益だけを目論んでいた。その証拠にフロリダの不動産の土地の三分の二がフロリダに来たことのない投機目的のための人に郵便で売られた。

現地では、さまざまな州のナンバープレートをつけた車が走り回り、まだ、開発もはじまっていないうちから、鉄道計画や新しい街ができるといった不動産業者の宣伝が買い手の投機熱を煽った。

マイアミビーチでは、販売される土地の価格が時間単位で変わっていった。三〇年前に数十ドルで買ったマイアミ近くの土地が数十万ドルで売れたといった類の話はいくつも聞かれた。マイアミヘラルド紙など新聞紙面への不動産広告は増えるばかりで、一九二五年の夏にマイアミ・デイリーニューズ紙は、五〇四ページという電話帳のような新聞を発行するほどだった。

マイアミから約七〇キロ北のヤマト付近でも地価はじわじわ高騰し、新聞には「YAMATO 90ACRES Price $1000 per Acre」（ヤマトの九〇エーカー 一エーカー一〇〇〇ドル）といった土地販売の広告が頻繁に登場する。このブームの間に、ヤマトでも何人かは土地を売って別の州へと去っていった。小林進の場合、まず土地を売り、養鶏などの新事業を立ち上げたが、新たな仕事につくためすべてを処分してシカゴの近くへ転居した。

自然環境の厳しいなかで農業を続けていくことのリスクや土地にかかる税金の上昇というマイナス面を考えると、土地を売却してヤマトを離れていくのはひとつの合理的な選択だった。フロリダで土地をもつものが農業をつづけるインセンティブは急速に薄れてきた。同じように農園のための開拓は、高等教育のあるものが事業として行う時代ではなくなってきていた。こうして酒井醸が目指した農業開拓によるコロニーは縮小していった。

酒井、夢半ばでたおれる

酒井自身もまた健康上の理由から事業を続けられなくなってきていた。一九二三（大正一二）年六月九日、酒井と神谷の兄弟のもとに宮津にいる母が亡くなったという知らせが届いた。その翌月の二一日、仕事から帰った酒井は水浴びをしているとき喀血した。医者に行ったがその後またひどく喀血を繰り返した。

入植して一〇年目ぐらいから酒井は何度か病に伏せることがあった。その都度休んでは復帰していたが、どうも結核に罹ったようだった。二三年のこのときは容態はかなり悪化し、喀血から一〇日後、治療に専念するため医師に付き添われてノースカロライナ州アシュヴィルのサナトリウムに入院することになった。

しかし、そのわずか三週間後の八月二一日、酒井は病床で息を引き取った。享年四八歳。日本で関東大震災の起きる一一日前のことだ。酒井と妻の貞、それに五人の娘たちはデルレイ・メソジスト教会のメンバーであり、キリスト教にのっとり葬儀は行われた。

酒井、神谷の家族が暮らしていた家
[©Morikami Museum and Japanese Gardens]

細面でメガネをかけ、口ひげをたくわえた酒井は、理知的な顔立ちをしていた。家族からみてもまじめで勤勉、滅多に笑うことのない人だった。彼はいつもコロニーをどう成長させるかを思案していた。

酒井夫妻は、生後まもなく亡くなっ

た長男のほかに、五人の娘をもうけた。次女の友（トモ）には、いつも生真面目な父親について、ひとつだけ穏やかな印象を抱いた思い出がある。五歳ごろのことだ。母親に連れられて姉妹一緒に日本へ一年帰国する途中、トモはジフテリアに罹ってしまいシカゴの病院に連れて行かれた。病院で数日間意識がなく生死の境をさまよったトモは、ようやく意識を回復したとき、父親の醸が、ベッドに横たわる彼女の足元に顔をうずめているのをみた。しばらくすると醸は、トモが目をあけているのに気づいて安堵の表情を浮かべた。

酒井の遺骨は、死後およそ三年後に、ウェストパームビーチのウッドローン墓地に埋葬された。生後間もなくして亡くなった長男博がすでに眠っているその墓地は、奇しくもフラグラーがつくった墓地だった。

酒井が亡くなったことで、ヤマトに居残って子供たちを育てていくのは困難だと判断した貞は、日本に帰ることを決めた。すでにデルレイビーチの中学校に通っていた長女の睦子だけは、フロリダを離れたがらなかったが、しばらくして五人の娘とともにはるばる日本へと旅立った。

共同体のリーダーであった酒井が世を去り、小林進一家もその少し前にヤマトを去っていた。残った日本人のなかでは、酒井の弟である神谷為益がヤマトの中心的存在になった。

神谷と妻エツの間には、長女の政子を頭に美志子、陸夫、隆道、益子、和夫の三男三女計六人の子供ができた。六人とも日本名と同時に英語名もつけられた。

神谷は野菜作りのほかに地域の核になる食料品や雑貨を扱う店を開き、だれもが彼の店を利用するので、神谷のところには人が自然と集ってきた。二階建ての大きな家に住み、性格は外交的で、車やオートバイに乗り、釣りも楽しむなど次の世代からも親しまれていた。敷地内にテニスコートをつくるなど、スポーツを楽しむこともあった。子供を通して日本人だけでなく地域の人たちとも彼はつながりをもっていた。

人を雇い手広く畑を経営し、自らも播種、施肥、摘み取り、雨の対策や溝掘りなど毎日農作業をした。遠方から日本人の客がコロニーを訪れると、神谷の家でよく宴会が開かれた。一九二一年一二月には酒井一家や蘆田、山内などの家族も集まりにぎやかなクリスマスパーティーが開かれた。明けて二二年の元日は、コロニーのほとんどの人が御年始に神谷家を訪れた。

一九二三(大正一二)年の元日は、酒井、蘆田、森、上釜など一八人が集まった。助次も時々神谷家に顔を出して仕事の相談をしたり、また互いに土地を売買しあったりした。胃潰瘍で倒れたときは神谷が見舞いに来てくれたこともあった。

手広く事業をしていた神谷だが、暮らしは順風満帆だったわけではない。まず、一九一四年には、外出中の夜、自宅が火事で全焼してしまう。原因はランプの火だったようだ。それからしばらく大工とともに自宅の再建を図る。兄である酒井の死という衝撃もあった。また、事業も徐々に経営が厳しくなり二五年には所有地の一部を売却、不況を境にして資金繰りにも苦しくなっていた。

資産家助次、一夜にして破産

一九二五年を過ぎるころには、フロリダの土地ブームに陰りがでてきた。転売を前提に購入した土地が売れなくなり、多くの投資家には値下がりする土地と借金だけが残った。二六年の夏には、土地が大暴落する兆しがあらわれた。ヤマトの近く、デルレイビーチの三銀行が六月に閉鎖、取り立てのために銀行前には人だかりができた。

不穏な状況のなかで、九月一八日、マイアミ周辺を大規模なハリケーンが襲った。住宅が破壊され、街並みが崩れリゾートは無残な形に変わり、およそ四〇〇人の死者がでた。神谷の家も暴風で夜中に揺れ出し、グラスが落ちて壊れ、周辺では大木が倒れた。ハリケーンが過ぎ去ってみれば、フロリダ南部の損害は二億ドルに達すると見られた。

マイアミ、ジャクソンビル、タンパといった大都市の銀行は営業を続けられたが、ヤマトの近くの地元銀行は、すべて倒産、閉鎖された。その後数年間でかなりの数の銀行が倒産。地域の銀行が軒並み閉鎖されれば、ヤマトもまた影響をうけないわけにはいかない。その代表格が森上助次だった。

助次は、メールオーダーによる農産物の売買で、胃潰瘍を患いながらも資産をたくわえ、その一方で土地の売買を続け資産を増やしてきた。その結果、土地ブームに乗りわずか百ドル足らずで買った土地が二年後に四〇〇〇〇ドルで売れたこともあった。また、銀行や木材会社、ホテル業などの株式にも投資して利益を上げた。

五つの銀行に合計約二五万ドルを預けるほどの資産家になり、マイカーを二、三台所有して〝大尽風〟を吹かせた。

このころ助次はドイツ系アメリカ人の若い女性と親しくなった。農産会社の秘書をしていたこの一八歳の彼女と結婚も考え、二四年の夏には、六〇〇〇ドルを投じてデルレイビーチのまち中にカリフォルニアスタイルのバンガローを建てた。

正面から見ると、緩やかな山形の屋根が大きく広がり、一〇メートル四方はあるようながっしりとした佇まいをしている。しかし、家ができあがる二週間前に彼女は突然病気で亡くなってしまう。失望のどん底で、助次はこの家を売り払い、ケンタッキーハウスというデルレイビーチで最初のリゾートホテルでしばらく暮らした。

さらに、「好事魔多し」とのちに自省したように、二六年にやってきた土地ブーム崩壊と不況によって助次が預金していた銀行が倒産、預金のすべてを失ってしまう。

この結果、生活にも苦労するほどの苦境に陥った。そこで、これまで培った畑作と農産物売買の事業を再開しようと決め、数週間にわたって資金調達のため金融機関などをまわった。幸い五〇〇〇ドルの融資を受けることができ、五ヵ月後には早くも五〇〇〇ドル近い利益を得た。

フロリダの土地ブームのあと、人々の投機熱は株式に向かい、株価は高騰する。しかし、一九二九年一〇月二四日に暗黒の木曜日を迎え大恐慌がはじまる。しばらくしてフロリダにもその余波は伝わってきた。幸いというか、助次に限ってはもう失うものはなかった。

助次の再開した農産物の売買は順調に推移し蓄財もできた。しかし、以前と同じような状況に陥ってしまった。注文に応じるため、ときには間に合わせることができない産物を損をしてまで調達した。これがストレスとなって蓄積し、助次はかつて患った胃潰瘍を再発させてしまった。

一九三二（昭和七）年のクリスマス・イブの日、助次は自分の畑に行き、小作人と話をしているときに倒れて血を吐いた。起き上がることもできずすぐに医者が呼ばれた。医者は「もし、生きていたいのなら、すぐにマイアミの病院に行け」ときつく言った。

病院嫌いの助次だが、仕方なく病院へ行くと、さっそく手術となり、イブの夜一〇時ごろからはじまった手術で、胃の半分が切除された。助次は一五時間死んだように眠った。その後二ヵ月をかけてほぼ体調がもとに戻ると、医者からは、体のことを考えたら今後は事業をやめた方がいいと忠告され、助次はただの畑仕事に専念することにした。手術のことをのちに日本にいる弟の米治に手紙で知らせると、同情されるどころか「親不孝をしている祟りだ」と返されてしまった。

農園事業のため継続して融資に頼っていた神谷にとって、二九年の恐慌は少なからず経営を圧迫した。さらに悪いことに、この年の年六月一五日、長男で一七歳になったばかりの陸夫が、運転していたオートバイもろとも転倒、陸夫は頭を打ち、一時人事不省となり病院に運ばれた。その後意識を回復してなんともないように帰ってきた。薬を飲んだが顔色が悪かったので神谷がウィスキーを与えると、その後、また人事不省となりその日の夕に帰らぬ人となった。

「ほんとうならできるだけ静かに休ませて、発熱させないように氷で冷やすところをウィスキーを飲ませて、かえって血液に刺激を加えてしまった。そのため血管が爆発してしまった。自分が殺したのではないかということが頭から離れず、苦しく、かわいそうでならない」と、神谷は自分を責めた。

長男を失いさびしい年末を迎えたが、翌一九三〇年の正月はヤマトの仲間の山内甚蔵、小林秀雄、吉田源五郎らの家族が訪れ食卓を囲んだ。三一年正月もまたヤマトの日本人が数家族神谷のもとを訪れた。

このころから神谷のところに、満州事変をはじめ日本をめぐる不穏な情報が少しずつ入ってきた。三二年四月には、ニューオリンズの日本領事館から、職員がヤマトへ視察に来た。三三年七月、神谷はシカゴの世界大博覧会の視察に出かけた。生活には多少余裕はあったようだが、人を雇い畑作を事業として行うなかで、相変わらず資金繰りに追われていた。農家貸付金に頼ったり友人に金策を相談したりした。

豪雨や嵐、そして日照り続きのため作物が被害に遭うこともしばしばで、三四年の秋はとくに炎天が激しく、仕事にならない日が続いた。

テキサス、カリフォルニアのコロニーは

フロリダと同じころに活動をはじめたテキサスの日本人コロニーにもヤマトと同様の変化がみられた。ヒューストンの東で一九〇八年に岸吉松が拓いた岸コロニーでは、当初は米作にしぼっていたが、のちに野菜作りに転換した。この間、日本人をはじめメキシコ系、アフリカ系、ヨーロッパ系の労働者を雇った。

一九一九（大正八）年には、岸が所有していた土地から石油が出ることがわかった。そこでさっそく「オレンジ石油会社」を設立。このことを知ってアメリカに留学中の山本五十六（太平洋戦争開戦時の連合艦隊司令長官）が、二一年、石油産業の視察の一環で岸コロニーに立ち寄ったことがある。山本の生家も新潟の長岡で、岸の実家と非常に近く、山本の兄弟が、岸とは日露戦争のときの仲間だったという縁もあった。日本の将来を見据えて石油資源に関心を抱いていた山本は、数年後再び岸コロニーを訪れ、石油採掘現場を視察した。

岸一家は積極的に地域に溶け込み、また事業の利益を地域に還元した。一九二四年には土地を提供してキリスト教の教会を建て、その運営にも私財を投じた。また、二八年にはコロニー近くの学校に土地を譲渡している。彼自身は仏教を信仰していたが、子供たちには、アメリカで生活していく以上キリスト教を受け入れ、英語を学ぶべきだと教育した。

その後石油は先細りとなり、岸は会社を売却、その利益でコロニーへの投資者に、投資額を三

倍にして返済したという。一方で土地を購入し続けコロニーを拡大させ、経営も近代的に行われた。こうして事業は順調に推移してきたが、その後悪いことが重なった。キャベツが黄葉病にかかったり冷害などで作物が大被害を受けた。運悪く全国的な大恐慌がこれに追い打ちをかけた。事業拡大のために借り入れた資金を返済できなくなり一九三一年、岸は所有していた約九〇〇〇エーカーを手放すことになった。

当時の州法では、そのうち二〇〇エーカーは個人の住居として所有できることになっていたが、彼はすべてを返済にあてるとしてこれを断った。岸の下で働いていた日本人たちは、州内外へ仕事や入植場所を求めて散り散りになった。こうして岸コロニーは消滅し、近くにはコロニーに関係した人たちが眠る私設の墓地だけが残った。

一方、一九〇三年に同じテキサスのヒューストン近郊に土地を購入し、農園を立ち上げた西原清東は、早くからアメリカ市民になろうと帰化を申請していた。しかし、その後、日本人移民に対する排斥の声が高まるなかで、彼の帰化申請は認められなかった。絶望した西原の関心は、これを機にアメリカを離れブラジルへと向かった。

農場経営を長男の清顕に委ねて、家族を置いて単身ブラジルのサンパウロ州へ入植した。ここで約一五年苦闘を続け、一時テキサスに戻り、その後さらに台湾に移り農園事業に携わった。そしてまた日本へ戻ったが、晩年はテキサスの家族のもとに身を寄せた。テキサスの農場は清顕が引き継ぎ、地域と調和を保ち事業を発展させた。

また、カリフォルニアに協同組合をつくって日本人が農場経営をしてきたヤマトコロニーでは、排日の風を受けながらも孤立することはなかった。関係者すべてがクリスチャンではなかったもののキリスト教の教会を建て、地域の核になっていった。また、コロニーの人々はまちの白人社会との競合を避けるために、農作物に関するものを除いて、商店などを開いたりすることはなく、地域に融和しながら継続していった。

第七章　コロニー消滅と戦争

巨大ハリケーン、フラグラーの鉄道を破壊

フロリダにいるかぎりハリケーンを避けることはできない。一九三五年秋、巨大なハリケーンが相次いで南フロリダを襲った。九月二日土曜、この日はレイバーデイ（労働者の日）だった。作家、アーネスト・ヘミングウェイは二八年に二番目の妻とキーウェストを訪れ、その後住居を構え創作活動をしていた。島にいた彼は、この日の午後四時ごろ、仕事を終えて夕刊に目を通すところだった。天気は典型的なキーウェストの晩夏で、気温は約二七度、空は晴れわたり、海からの風が吹いていた。

しかし、嵐の警告は出されていた。その後気圧計は急激に降下しはじめ、風雨は強まり、最大風速一時間あたり一五〇マイル（二四一キロ）を超える竜巻のような暴風がフロリダ・キーズの島々を襲った。カテゴリー5という超最大級のハリケーンは、戸外にいた人の服をはぎとるほど

の砂嵐を起こした。

このとき、フロリダキーズの島々では大恐慌後の復興を目的としたニューディール政策の一環で、高速道路建設が、一三年前に完成した鉄路と並行して建設されつつあった。そのため、島々の中央よりやや北に位置するイスラモラダ近くに、六五〇人の第一次大戦の退役軍人が駐留していた。彼らは、ハリケーンに直撃され、さらに彼らの救出に向かった列車も波にさらわれた。軍人ら二五九人が亡くなり、列車の乗員にも多くの犠牲者がでた。

フラグラーの鉄道そのものも破壊された。堤防は数マイルに渡って流され、レールは土台からはがされて残骸と化し、一部ははるか彼方へ運ばれた。フラグラーが長い年月をかけ、資本と労働力を費やして完成させた鉄路は、木端微塵となって洗い流された。橋や建物をも破壊したこのハリケーンで、フロリダ・キーズでは四〇八人が犠牲となった。

大恐慌からまだ数年しか経っていないこともあり、もう一度海上の鉄道敷設事業に投資するものはなく、キーウェストまでの船以外のルートは、以後高速道路がその役割を担うまで待たなければならなかった。

去りゆく日本人

このハリケーンは、幸いボカラトンやデルレイビーチを避けてくれたが、この二ヵ月後の一一月四日の嵐が、神谷の畑に被害をもたらした。

「(時速)八六哩(一三八キロ)ノ風力、五時ニ至リ六〇哩・・東北ノ烈風ノ為作物一般……全滅同時ニ苗床モ……」と、神谷はこの日のことを日記のなかで記録している。また、翌日は、

「本日ハ実ニ目モ当ラレズ、無惨ニヤラレタリ　何カラ手ヲ付ケテ良イヤラ……」

と、被害の拡大を嘆いた。これにつづけて、

「先月末ヨリ銀行ノ方ガカラニナリ金策ニ困リ……家内中ニ一弗ノ金モナシ」

と、苦境をつづっている。

年が明けて一九三六年一月、神谷の妻エツが病気で五四歳の生涯を閉じた。デルレイビーチの教会で葬儀を行い、長男の陸夫、義兄の酒井も眠るウェストパームビーチの墓地に埋葬された。

日本国内のきな臭い情勢はフロリダへも伝わってきた。また、アメリカ国内にいる日本人の周辺もあわただしくなってきて、その余波をヤマトでも感じられた。三六年の正月早々には、日本陸軍海外在留の将校三人がわざわざフロリダ南部を訪れた。アメリカ国内の偵察らしく神谷ら日本人と食事をともにして情報を集めていった。

二・二六事件のあらましはすぐに神谷のところにも伝わってきた。神谷には日本でなにやら革命が起こったように感じた。そして三九年九月、ドイツのポーランド侵攻を知ると、いよいよドイツが戦争をはじめたと懸念した。四一年二月、日本の鉄道省職員である大塚誠之らがヤマトを訪ねてきたため神谷は半日接待にあたった。

落ち着かない情勢のなかでも、畑作をする神谷の毎日の仕事はかわらず、ナスやピーマン、スクワッシュなど野菜の栽培を続けていた。コロニーのなかでは、すでに小林進はシカゴ方面に引っ越し、蘆田鹿蔵は二六年にカリフォルニアに移った。塩田益蒔は二五年に日本に帰国。吉田源五郎、ジーンの夫妻は二〇年代にヤマトを去って州内の別の地へ越した。大石五雲は三〇年代のはじめにヤマトを去った。丹後半島出身の山内甚蔵夫妻は二八年にマイアミへ行き造園の仕事をはじめた。

こうして三〇年代には、ヤマトあるいはその近辺にいた日本人はほとんど現地を離れた。残ったのは、神谷の家族と小林秀雄一家、そして独身の森上助次と同じく独身の上釜庄美の四世帯のみとなった。

そのなかで酒井亡き後、コロニーの中心となっていた神谷も妻を亡くし、子供たちも育ちコロニーを離れていった。さらに事業も厳しい状況がつづき、神谷は自分の行く末を案じた。四〇年五月一八日の日記には、

「現行百姓モ終リニ成リ……今後ノ方針ヲ如何ニ取ル可ニ熟考中……何分金ノ問題ニテ　借金ノ片付ケ……　日本行クモ旅費……」

と、日本へ帰ることも視野に入れた。

四一年七月二五日、日本が南部仏印への進駐を発表すると、米国は警告的な措置として在米日

本人資産の凍結を発表した。フロリダでも日本人は銀行預金を引き出すことができなくなった。もはやここに留まっても仕方ないと、神谷はヤマトを去り長女のいるカリフォルニアへ向かった。

一九〇五年からはじまり、初期にはおしなべて毎年四〇人ほどが暮らし、名前の判明する人だけでも七十数人が一度は〝籍を置いていた〟と思われるヤマトコロニーは、神谷が去ったことで完全に形をなくした。

ヤマトの建物、軍事訓練に

一九四一（昭和一六）年一二月七日（ハワイ時間）、日本軍はハワイ真珠湾を奇襲攻撃、米軍の戦艦、航空機などに大損害を与え、民間人を含めて二四〇〇人以上を死に追いやった。アメリカは即座に日本に宣戦布告し日米は全面戦争に突入する。当然のことながら在米日系人排斥の気運は高まり、〝ジャップ〟という蔑称を用いて日本人、日系人を攻撃する記事が連日新聞紙面を埋め、日系の商店への攻撃や日系人をねらった傷害事件なども起きる。

日系社会の不安と戸惑いのなか、太平洋岸では日本への協力の可能性があるという観点から日系人の存在を脅威とみて、日系人を海岸線から移動させるべきだとの世論が昂然とわきおこる。これを受けて翌四二年二月一九日、ルーズベルト大統領は、裁判などなしに軍事地域と定めた地域から日系人を排除する権限を陸軍に与えた大統領命令九〇六六号に署名。

「日本人の祖先を持つ外国人および非外国人」を対象とし、西海岸に住む移民一世の日本人、二世の日系人に強制的な立ち退き命令をだした。この結果、該当する一二万人以上が、まず最初に全米一六ヵ所に仮設された集合センターに一時的に集められた。

その後、カリフォルニア、アリゾナ、ワイオミング、ユタ、コロラド、アーカンソー、テキサスの各州につくられた計一〇ヵ所の収容所に送られた。

かつてヤマトにいた小林進は、シカゴ近郊に移ったのちにカリフォルニアのサンフランシスコ湾沿いで、妻と三人の子供たちと暮らしていたためこの強制退去によってユタ州の砂漠地帯にあるトパーズ収容所に送られた。また、戦争開始の直前にカリフォルニアの家族を訪れた神谷為益は、カリフォルニアとネバダの州境近くのマンザナー収容所に入ることになってしまった。


一方、太平洋岸から遠く離れたフロリダ州で暮らす日本人は、カリフォルニアやオレゴン、ワシントン州の日本人、日系人のように収容所に入れられることはなく、激しい排日の圧力を受けることはなかった。その数が一五四人（四〇年国勢調査）と、少なかったこともあるからだろう。

それでも、日本人、日系人であるゆえ、行動を制約されたり不条理な扱いを受けたりし、損害も被った。まず、ヤマトコロニーがあった周辺一帯五八二〇エーカーが、その地に米陸軍の航空部隊の技術訓練場を設けるため接収されることになった。のちにB-24爆撃機の基地となる場所でもあった。関係する土地所有者は一〇〇人以上で、域内には日本人のほか五〇家族が暮らしていたが移動を余儀なくされた。

戦争がはじまったとき、このヤマト地域に残っていたのは小林秀雄一家、神谷和夫（為益の三男）、森上助次、そして上釜庄美の四世帯だった。ただし、助次は土地は所有していたが実際はデルレイビーチに住み、上釜は接収される地域から少しはずれたところに住んでいたので生活にはあまり影響はなかった。

もっとも大きな影響をうけたのは、生活の場も含めて土地を収用された小林秀雄一家だった。初期のメンバーとして兵庫県の山間部から参加した秀雄は、なにもないところから暮らしを立ち上げてきた。最初はテント生活からはじまり、つぎに黒人居住地に掘っ立て小屋を建てた。

他の入植者たちと助け合いながら木々や果実を植え、灌漑設備を整えて、野菜や果物の栽培を広げた。フォードのモデルAトラックを購入し、小柄な妻の梅子もなんとか足を伸ばしてこれを運転するなど、家族そろって農作業にあたった。こうした努力の甲斐もあって、やがて大きなポーチのあるアメリカンスタイルの家を建てるまでになった。

しかし、一九三〇年代になって全国的にも農産物の価格がさがり農業経営が難しくなると、三七年からは造園業に転換した。ひきつづきヤマトに住んではいたが、おもに三〇キロほど南の都市フォートローダーデールに顧客を抱えていたので、ヤマトから頻繁に行き来していた。小林がヤマトから退去を余儀なくされたとき、その補償額は土地の相場の半値でしかなかった。政府に対する怒りはあったが、どう戦っていいのかわからず泣き寝入りするしかなかった。

接収された土地のなかには、かつて酒井と神谷が暮らしていた家屋などがそのままの形で残っていた。マイアミ・ヘラルド紙は、一九四四年八月六日の記事で、「フロリダのジャップ村はいまやひとつの記憶にすぎない」という見出しで、こうした建物をはじめ養鶏場などコロニー時代の遺物がどのように扱われているかを非情につづっている。

「(建物は) いまは若いアメリカ人航空兵が戦闘準備のために使う不可欠なものになっていて、兵士たちはこの建物を粉砕し、その残骸を障害物通過訓練の一部として使った。ヤマトの醜い残滓は、いまボカラトンの野戦兵の日常訓練に役立っている」

Uボートに信号を送る?

所有地を放棄させられたほか、小林秀雄や森上助次ら日本人は、太平戦争開始直後に資産を凍結された。また、どこへ行くにも移動するときは許可を得る必要があり、小林一家は、顧客のいるフォートローダーデールとの行き来が簡単にできなくなった。いつ、どこで、だれと、何のために会うのかといった内容を明記して許可を申請しない限り、アメリカ政府は移動を禁じた。もし違反した場合は当分の間収容されることになった。この結果、ヤマト地区に残っていた最後の日本人である小林は、仕事の利便を考えフォートローダーデールへ移動せざるを得なかった。

小林一家のように南フロリダの日本人家庭は、戦時中つねに監視されることになり、沿岸警備隊の隊員が二人ずつ各家庭内に住み込んできた。スパイ行為を事前に防ぎ、かつ日本人の安全を確保するためだった。この場合、日本人家庭では彼らが寄宿できるようにして食事も無料で提供しなければならなかった。

秀雄がどこかへ外出するときは、ひとりの若い隊員が随行して、もうひとりは家で待機した。家にいる彼は純粋なドイツ系で、ドイツ人の彼の父親はニューヨークにいた。すでにアメリカ市民であるこの若い隊員は、あるとき同じアメリカ市民である秀雄の次男で二世の保（トム）にこう尋ねた。

「誰もぼくの父親をニューヨークで監視していないのに、なぜぼくはきみの父親を監視しているのだろうか」

トムもおかしな話だと感じていた。もうひとつおかしなことがあった。そのころドイツの潜水艦Uボートがアメリカの船を撃沈していた。あるときFBIがトムの家を捜索に来て、屋根裏にあったモールス信号を送る古い無線キットを押収した。それは、トムたちが子供のころ遊びでつかっていたもので、信号は一マイルしか届かなかったが、FBIはそれでドイツのUボートに信号を送っていたのでは、と疑ったのだった。

戦時下の状況や置かれていた立場を理解していた小林家では、長男の栄（セオドール）が、B-17爆撃機の射手として従軍することを志願した。肘を傷めたため、希望はかなわなかったが、次男のトムは戦争直後の四六年に徴兵され、陸軍に入り戦後は沖縄に送られて、日本人捕虜の保護にあたった。

助次は、幸い自分の土地は収用されなかったが、真珠湾攻撃の五日後にはアメリカ政府によって野菜の生産販売を停止された。資産は凍結され破壊活動に関係しているかを調べられ、翌四二年の一月末までこの措置はつづいた。

日常生活のなかでは、床屋で散髪を断られたり、種子や肥料を売ってもらえないことがあった。農場は嵐によって作物が大損害受けたこともあり継続することはできず、仕方なくグラジオラス栽培を大規模に手がけていたメイチェック家が経営する大農場で小作として働いた。戦時中でもあり農場で働いていることが間接的に監視下に置かれた形にもなっていた。

しかしこれが幸いした。ほぼただ同然で働いていた助次は、終戦後メイチェック家から土地を譲り受け、大きな資産となったからだ。

助次がはじめて土地を買ったのは、アメリカに来て数年してからだった。そのなかにはコロニーの仲間と売買しあった土地もある。その後余裕ができると、少しずつ土地を買い増した。多少無理をしても分割で購入したり、また、戦前の恐慌の前に売却した土地の一部を、戦後になって買い戻すこともあった。

第八章　望　郷

リゾートのなかの農作業

戦後、南フロリダは道路網が一段と整備され車は増え、街の様子も急速に変化していった。ヘンリー・フラグラーの拠点でもあったパームビーチのまちでは、かつてはでこぼこ道だったワース・アベニューに高級ブランド店が軒を連ねた。街路に植わるパームツリーの下には、アメリカ車が雁行型に並ぶ。ジェット機をイメージして、両サイドの後ろに羽が生えたようなキャデラックやクライスラーやフォードの、平べったくて、ボリュームがある派手な車体が時代の空気を表わしていた。

デルレイビーチやボカラトンのまちにも車が増え、海沿いにはパームツリーが立ち並び、ビーチリゾートとして海沿いは開発されていった。ビーチにはライフガードの監視塔が立ち、折りたたみ式のドーム型の日よけが、レンタルで貸し出され、観光シーズンにはビーチ一帯をまるでやどかりのように埋めていた。

ボードウォークができ、海沿いのレストランが人気を博し、フロリダの有名ビーチ沿いは、北の諸州からの観光客でにぎわいをみせた。かつてジャップ・ロックと呼ばれた岩場はもはや日本人の影はなく、牧歌的な未開の地はリゾート都市と住宅地に姿を変えていった。豊かで華やかな「白人文化」の夢が具現化したような雰囲気がビーチ沿いを包んだのが、戦後のフロリダだった。

こうした開発の喧噪から離れて、相変わらず助次はひとり自分の土地で農作業をつづけた。周囲の発展とは一線を画して質素で原始的な暮らしをしていた。野菜やパイナップルをつくり、その一方で、ときどき土地を購入したり、また機会をみて売却した。家族のいない助次は、自由な時間をひたすら読書をして過ごした。

知識欲の旺盛な彼は、世の中の動きに対して敏感で、日本から送ってもらった単行本や月刊誌「キング」などの雑誌を好んで読んだ。ふるさと宮津からも地元の新聞を取り寄せた。また、農業関係の本を読みこなすなど農業については研究熱心だった。日本から幾種類もの野菜や樹木の種などを取り寄せては自分の畑や土地で試していた。


戦争が終わったのち、ヤマトの関係者で周辺に土地を所有し、農業を続けていたのは、助次と上釜庄美の二人だけになった。

上釜は、一八八九（明治二二）年鹿児島県の川辺郡東加世田村小湊（現在の南さつま市）という薩摩半島の海沿いの集落で、農家の四男として生まれた。勉強熱心だったのだろう、農家の出ではあったが、地元鹿児島県立旧制川辺中学（現在の県立川辺高校）を卒業し、一八歳のときにアメリカに渡った。このとき、渡航の資金調達のために上釜家では土地を担保に、金を借りて上釜を助けた。旅券申請には渡米の目的を「語学研究」としたが実際は渡米後に仕事についた。

シアトルに上陸してからニューヨークへ移って給仕として働いた。しかし、寒い気候に耐えられなくなり一九一七年にフロリダに移り農業をはじめた。助次より一一年後のことだ。

それまで農業の経験がほとんどなかった上釜は、つましい生活をしながら助次同様に土地を買い増していった。人づきあいがほとんどなく、助次とも同じ日本人ながら馬が合わなかったこともあり、ほとんどつきあいはなかった。

ひたすら日本に手紙を書く

助次の父親の竹造は、一九三四（昭和九）年に七〇歳で亡くなり、母親のそよは終戦直前に八一歳で亡くなった。いずれのときも、助次は故郷へ帰らなかった。森上家は、もともと長男の助次をはじめ四男二女の六人家族だったが、次男と末っ子の次女は幼くして亡くなった。残った四人のうち長男である助次が渡米した後、三男の政兵衛も助次の後を追って一度コロニーに参加したが、まもなく宮津へ帰り独立、四男の米治は岡本家に養子に出た。最終的には、助次の妹で長女のふでが、井田元治と結婚して、井田の名前で森上の家で暮らした。両親の墓参りにも来ない助次に義弟の元治は怒りを感じていた。

一度も帰国しなかった助次だが、実家がこの先どうなるか心配で、ふでには頻繁に手紙を書いた。離れていても長男であるという自覚はあり、家や財産の相続に関して、兄弟間で問題があったときは、口出しすることは憚れるとしながらも、平穏に処理してほしいと伝えた。

親戚、知人などにも頻繁に手紙を書いた。なかでも、弟米治の家族とは頻繁にやりとりをした。米治は、戦時中の昭和一八年一一月に尼崎の軍需工場で働いているときに事故で亡くなったからだった。ビルから落ちて死亡したということだったが、実は反戦的な思想をもっていて警察にとらえられた際に転落したともいわれる。

一九〇〇（明治三三）年生まれの米治は、岡本みつゑと結婚し岡本家に養子に入った。二人は長男の修を頭に、長女玲子、次男幹男、次女明子の二男二女をもうけた。四二歳で米治がなくなったとき長男修は一三歳、末の明子はまだ二歳だった。

戦後になって米治が亡くなったことを知った助次は、愕然とすると同時に、自分が故郷を離れる朝に、「ぼくも行きたい」と泣いてすがった幼い米治の姿を思い出した。助次は残された義妹の一家のことをことのほか案じて、一九五〇年ごろから手紙を送り、同時に彼らの生活を援助するためにアメリカから金を送り続けた。

筆まめな助次は、多いときには月に数通も岡本家に宛てて手紙を送った。自分の生活の様子、体調、畑の作物の出来栄えや嵐による被害のこと、これからの農業の計画、そして、自分の資産や土地の売買について語った。

故郷の思い出や過去の回想は何度となく手紙のなかに登場した。尋常高等小学校を出て農家の仕事についた助次だが、読書好きであり古典からの引用なども交えることもあった。明治生まれらしく「尤も」、「丁度」、「儘」、「雹」（ひょう）、「哩」（マイル）など漢字を多用する一方で、アメリカ生活が長いだけあって、「タウン」、「キャッシュ」、「トーリスト」、「ストーム」、「ムーヴィー」といったカタカナ英語も頻繁に出てくる。一読では判読しにくい流れるような崩し字を用いて、エアメール用の薄い紙に裏表いっぱい、あふれんばかりに書き連ねた。

義妹みつゑのことはいつも〝美さん〟と呼んだ。一九五〇年五月某日の手紙では、生活の様子を伝え心情を吐露している。

〈今日も黒人三人と終日、茄子の摘株で多忙を極め、百箱近く（約三五〇〇斤）を北部の市場へ汽車とトラックで出荷しました。相場は余り好くないが、……手取り一斤七八仙になります。〉

〈フロリダも大分夏らしくなりました。室内温度華氏九〇度近く。而し夜は七五度位下がります。温度は高く、でも大陸的な暑さでなく、昼夜通して涼しい風が大西洋から吹くので、私など、日中はほとんど裸で帽子もかぶらず、終日働きます。〉

〈永い間、日本語を話さず、日本語を書かないので手紙を書くのに骨が折れます。……約二週間もすれば、少し暇になりますからボツボツ私の一生のザンゲ録でも打ち明けましょう。〉

〈早、今年も五月となりました。一九〇六年の五月四日の夜の九時一五分、当地に着きました。八千哩の一人旅。当時を回想すると、全く感慨無量のほかありません。〉

〈また世の中、物騒となりました。米国でも今にも戦争が始まるかの様な騒ぎ方です。第三次世界戦争勃発の場合、日本の立場が思いやられます。あなた達を当国へ呼び寄せる事が出来たらと残念におもいます。吾々、在米同胞も帰化権を与えられるのも余り遠くはありません。そうなれば、すべてが容易になります。〉

これより少し前の別の手紙では次のように知らせた。

〈美さん、御依頼の金子百弗丈、去る二四日、送りました。雨洩る茅屋に住み、ガタガタカーに乗り、ラデオもなく薄暗い石油ランプの燈で新聞や雑誌を読み、疲れで寝るのが何よりの楽しみです。〉

このころ助次は、デルレイビーチのまちから八キロほど離れたところで農場を経営していた。アメリカに来てから四五年になる月日の流れを思いながら、黒人労働者を雇って畑仕事をする。

すでに陽射しのきつい五月のフロリダで半裸で過ごし、ガタガタ鳴るような車を運転し、雨が漏るような小屋で電気もなく、ランプの灯りで暮らしていた。五二年には、マイアミで上映された黒澤明監督の日本映画「羅生門」を見に行った。五三年の夏期は、土地はあるものの野菜栽培からの収入しかなく、借金もして苦しい生活がつづいていた。日本の雑誌「キング」にある戦時中のモンテンルパの悲劇の記事を読んで涙したのもこのころだ。

宮津での農業を思い出し、夏になると、お百姓さんが被っていた編み笠が恋しくなり、送ってほしいと宮津に問い合わせたこともあった。

助次は自動車をもっているので、ほんの数マイル走れば、まちに出られた。そこでの普通の人々の暮らしは電化されている。しかし助次は、郊外の小屋で五匹の猫と一緒に質素で原始的な生活を好んでいた。

「あしながおじさん」になる

戦後まもなく還暦を迎えて、助次にも家族というものが恋しくなったのか、手紙をやりとりし援助をするなかで、義妹の岡本みつゑや子供たちとはとはまるで本当の夫婦、親子のような関係になっていった。

伯父として、学校教育やしつけや就職、そして結婚にまで助次は意見をいい、ときにみつゑと手紙で言い争いもした。そうしているうちに助次、みつゑ双方で結婚を考えたこともあった。土地が売れれば、帰国して一緒に生活することや、それがだめなら市民権を得てみつゑをアメリカに迎えることも助次は考えた。

修は会ったこともない助次を手紙で「お父さん」と呼んだことがあった。これに対して、「お父さんと呼ばれるのは生まれて初めてで嬉しい様な……なんとも形容の出来ぬ感じがしました」

と、返信している。

しかし、みつゑには「やはりアメリカの伯父さんと呼ばれるのが適当だ」と言っている。互いにさまざまな事情を抱えたなかで、はるか離れたところにいて揺れ動く気持ちがあった。

修や幹男には野球のグローブを送ってあげるなどしばしば何かをプレゼントしていた。玲子は甘えて文具などほしいものを助次に伝えた。年の離れた明子にはなにもいわずともプレゼントが時々届いた。小学校四年の時には、白い革のブーツが届いた。日本ではみたこともないようなものに明子は感激した。

子供たちの教育費については全面的に援助した。短大に進みたいという明子が成績表を送ると、「学資の点は心配せぬがよい。今後、私が責任を持って在学中一切の費用は引き受ける、一カ年分授業料その他一切の費用の表を作って至急送りなさい」と、手紙に書いた。この親切な伯父を子供たちは「あしながおじさん」と呼んだ。

一九五三（昭和二八）年九月、二四歳の修が病死した。助次は、みつゑに宛てて「なんとお慰めしていいか、なにもいえません。私は泣きました。米治といい修さんといい、愛しき者は去って行く……」と、自分の悲しみとしてとらえた。

助次の気配りは細かく、高校で英語を習っているという明子がどんな授業を受けているのか心配で、担当の英語の先生にまで「姪をよろしくお願いします」と手紙を出した。また、ただ援助をするだけではなく、学費のために送ったお金の使い途について、内訳をきちっと報告するように指示した。

送られてくる手紙の料金についても、「あんたの手紙は何時も短い。普通航空便（七〇銭）にする必要はない。四五銭のエヤレターでたくさんだ」として、封筒なども節約するように助言している。

女性としての振るまいなどについても助次は意見した。玲子がちょっと面識があるだけのアメリカ人男性に会いに東京まで行くという話を聞いたときは、「恥さらしなこと。日本風俗は紊乱の極みに達しているとは聞いていたが……」と、窘《たしな》めた。助次は、当時駐留軍として日本に滞在したアメリカ兵が日本人女性を連れて帰ってくる姿を見聞きして、女性の行動が軽率に見えたようで、この観点からアメリカ人との安易なつきあいに批判的だった。

同じ年のある夜、助次は寝込みのところを強盗に襲われた。隣家とは一〇〇メートル以上離れていて電話もない。頭などに重傷を負ったが、幸い翌日知人が訪ねてきたので病院で手当を受けることができた。これがきっかけで警察の勧めもあり護身用のピストルを所持するようになった。

五五年六月、助次は最新のトレーラーハウスを購入した。二人用の小型で、自動車で牽引して簡単に移動できる住まいだ。キッチン、トイレ、シャワールームなどが備わっている。毎朝五時ごろ目覚め、畑に通い帰ってくるのは夜の七時過ぎ。空腹だが疲れ果ててしまい、靴を履いたままカウチに横になると眠りについてしまうことがあった。

このころから体調を崩すことがしばしばあった。ひとつには持病である脱腸が原因だった。もうひとつには、ほとんど失ってしまった歯に問題があった。歯茎がかみ合わないため、あるとき歯茎を削り取るという治療をうけ、顔が風船のように腫れ上がったことがあった。

さらに胃潰瘍を患った後遺症がときどき出て、そのせいなのか大量に喀血したこともある。ガンを心配した助次は、みつゑに「遺言状の書き換えをしたい」と書いた。

第九章　この地に名前を残したい

私は明治時代からここにいる

一九三九（昭和一四）年にサンフランシスコで発行された「日米住所録」という在米日本人の紳士録には、フロリダ州内では一三人の日本人の名前が所在地とともに載っている。戦後一〇年を経過して、マイアミやセントピーターズバーグといった成長する都市には、日本人が増えつつあったが、これとは反対に助次のまわりで日本人の姿をみることはほとんどなくなっていた。

五六年九月のある朝、助次はデルレイビーチのまち中にある郵便局にでかけた。これまで簡素な小屋やトレーラーハウスで暮らしてきた助次は、郵便物は私書箱扱いにしていたので、郵便物が来ていないか、私書箱を確認するのが日課になっていた。

この日もビルの一階にある郵便局で用を済ませて出ようとすると、どうも日本人らしき青年が背中を向けて駐車場に立っている。

「あなた日本人ですか」

助次は大きな声で呼びかけた。その日本語に驚いた青年は即座に振り向いて声の方をみた。すると日本人と思われる小柄な老人が立っている。

作業着のようなシャツに長ズボンをはいて、体のわりには大きな顔に満面の笑みを湛えている。

「まさかこんなところで日本人に会おうとは……」

驚いた青年は三堀俊治といい、デルレイビーチのまちを訪れるのはこの日が初めてだった。マイアミ大学の大学院に通っていた彼は、卒業を待たずにデルレイビーチで仕事をすることになり、新たな住所の届け出をするためにマイアミから車でデルレイビーチの郵便局にやってきたところだった。

運転してきたウッドパネルのフォード・ギャラクシーのステーションワゴンの側に立っていた三堀は、

「いつ来たんですか」と助次にきかれ、「昨日来たばかりです」と答えた。

すると、相手は、

「私は明治時代からここにいるんですよ」

と、にこにこしながら話す。

こんなところに、どうして明治時代から日本人がいるんだろう。不思議に思う三堀に、助次は、その経緯を説明した。

ジャパニーズ求む

明治生まれの助次がデルレイビーチにいるのは、不思議な経緯があってのことだが、大学院で学ぶ三堀がデルレイに来たのも似たようなところがあった。広告学を専攻していたこともあって、新聞に目を通すのが日課になっていた三堀は、ある日いつものようにマイアミ・ヘラルド紙に目を通していると、〝三行広告〟で「ジャパニーズ求む」という求人広告をみつけた。

日本食レストランの求人でもなければ、日本語通訳のような職種でもないようで、ただ日本人を求むというアメリカの会社の広告だった。翌日またこの広告を見た彼は、興味をそそられた。

募集したのは、グライムズ・マニュファクチュアリング・カンパニーという会社の社長、ウォーレン・グライムズだった。オハイオ州に本社のあるこの会社は、航空機に備わるさまざまな照明器具を製造するユニークな会社で、第二次大戦中のすべてのアメリカの航空機は、グライムズ社のライトを装備していた、といわれるほどだった。

グライムズは父親を早くに事故で亡くし、幼いころは孤児院で育ち、小学校は五年までしか出ていなかった。しかし一代で会社を興し、起業家としても発明家としてもその名を知られる人物となり、航空機照明産業の父とも呼ばれた。

本社はオハイオ州だが、グライムズは健康上の理由から戦後、気候温暖なフロリダへ避寒に来ていた。最初はフォートローダーデールだったが、しばらくしてデルレイビーチに別荘を建て、一九五七年には研究開発のためのセンターをつくり、ほぼここで仕事をしていた。そのため身の回りのことを任せられ、相談事もできる人間を探していたのだが、それを日本人に限って募集したのだった。

これには理由があった。彼の幼なじみに太平洋戦争でアメリカ陸軍第八軍の司令官をつとめたロバート・アイケルバーガー将軍がいた。マッカーサーの下でアメリカ軍の先頭に立ち、レイテ島の戦いなどを指揮し巻き返しを計ったこの高名な将軍は、最後は日本に進駐し横浜に司令部を置いた。

度重なる日本軍との戦いのなかで、日本人の強さを身をもって感じた彼は、敵ながらその力を評価し、友人のグライムズに「雇うなら、ジャップを雇え」と助言したのだった。それまで日本人についてはほとんど知らず、また見たこともなかったが、この言葉を信じたグライムズが、それならばと「ジャパニーズ求む」という募集をかけたのだった。

昭和八年に鎌倉で生まれ、学習院大学経済学部に進んだ三堀は、大学時代は歌舞伎研究会に所属し、学生歌舞伎の役者にも採用され、一時は歌舞伎役者を目指したことがあった。しかし、卒業直前の舞台で、倒れてきた柱が後頭部にあたりけがをした。これで自分は歌舞伎には向いていないと判断した。

一方、もともとアメリカの映画やミュージカルに興味があった彼は、大学の授業で、アメリカン・カンバセーションという授業をとった。担当の先生はスタンフォード大学出の若いアメリカ人で、この先生の影響でそれまで嫌いだった英語に一転して興味をもち、アメリカ留学を決意した。

留学先の選定については、とにかく、日本人がいないことを優先して考慮した結果、マイアミにきめた。予想通り、日本人はマイアミ市内にわずか数人いるだけで、大学院に進むと東洋人すらいなかった。こういう環境だから日本人を求むという広告を見たときは、「おそらく、この広告を読んでいるのは自分のほかはいないだろう。これも何かの縁ではないか」と、思い、広告に記載されていた「P.O. BOX」に応募の手紙を送った。

さっそく面接を受けると、グライムズの目にかない採用となった。こうして三堀は卒業を待たずに、デルレイビーチのグライムズ社長のところに寄宿し、マイアミの大学院へ通いながら、放課後は彼に仕えた。

留学当初は、日本に帰ってくるつもりだったので、歌舞伎研究会の後輩で、婚約者の千栄子には一年で帰国すると約束した。しかし、この仕事に就いたのがきっかけとなり日本へは帰らず、千栄子が五三年にアメリカに渡りフロリダで家庭を築いた。

助次という日本人に会った偶然に驚いた三堀は、しばらくして「私のボスに会ってみませんか」と、助次を誘った。

「大学出の若造は好かん」というくらい、学歴だけの人間が嫌いで一代で会社を興したグライムズと、南フロリダの田舎で孤軍奮闘してきた〝明治の老人〟との間に、三堀はなにか相通じるものを感じたのだった。

三堀のステーションワゴンに先導されて、助次は自分のピックアップのトラックを運転してグライムズ宅を訪れた。グライムズは助次のことを気に入ったようで、これ以来、三堀とグライムズは助次とつきあうようになった。「ジョージ・モリカミ」と、アメリカ名で名乗る助次のことを、グライムズもジョージと呼び、気軽に話し合うようになった。

このころ助次はほとんど自分の歯を失っていた。三堀の妻、千栄子が助次を自宅に招待して晩御飯を振る舞ったことがあった。しかし、助次はまったく手をつけない。遠慮しているのかと最初は思った千栄子だったが、あとで考えると、助次は歯がほとんどないので普通の食事ができなかったことがわかった。それならばそう言えばよかったのを、プライドが高いのか助次はなにも言わなかった。

あるときグライムズは助次に、

「ジョージ、私の知っている歯医者を紹介するから行ってきたらどうだ」と心配した。すると、

「自分でなんとかする」

と、頑固な助次は助言を聞かなかった。

またあるときは、まだ一度も日本に帰ったことがないという助次に、「ジョージ、お金なら私が出すから、これで日本に行ってきたらどうだ」と、グライムズはポケットのドル紙幣を差し出した。彼はいつも数千ドルの現金を持ち歩いていた。若いころ貧しかったからなのだろう、現金がないと落ち着かなかったようだ。この申し出も、助次はきっぱり断った。

このころ助次はかなりの土地は所有していたが、現金はあまりなかった。売ろうとした土地も売れず、野菜畑からの収入でなんとかやりくりしていて、数年前大病したときは病院の支払いもままならず、病院の野菜畑で働き、農具を売って支払いにあてたこともあった。土地だけ持ちつづけても税金だけがかかっていく。やがて所有する土地をこの先どうするのかについて、助次は、アメリカの法律に精通する三堀の力を借りることになる。

帰国するか、南米へ行くか

岡本家との文通で日本とのつながりが深まっていったからか、助次の望郷の念は一九六〇年前後いっそう強くなった。しかしその気持ちは複雑で、日本への手紙のなかにもそれは表れていた。「いったん、断念した帰国、二度と思うまいと決心し乍らも思いは不知不知の間に故郷へ……」（五三年六月）と言ったり、フロリダで近所の人が親切にしてくれるから「私の郷愁の念は日一日と薄らいでいきます」（五八年七月）と、言っている。

また、「熟考の末、帰化についての準備をはじめた」と知らせてくるかと思えば、帰国して京都郊外で家を建てて暮らそうかと言い出す。これについては、フロリダの感覚で考えたのか、二五〇坪の土地に家を建てることを簡単に想定した助次は、日本の地価がかなり高いことを知り、とても日本では家を建てられないと落胆した。

それからしばらくして、自分の進路として助次は南米行きを考えはじめる。

「私が望むのは文明国とか世界の大都会ではなく、半開未開の国です。海抜二万尺の南米アンデス山のインカ帝国の跡とか、人跡未踏のアマゾン川の上流の大森林とか。果たして私の健康が持つか……」（五八年一二月）と岡本家に伝えている。

五九年初めには、「この作が終わり次第、南米行きを決行します」、同年六月には「あと一ヵ月で南米へ行く」とまで岡本家へ決意を伝えた。結局これは実行されなかったが、翌年妹のふでにも、「一年ほどまず視察のために南米に行く、そして南米からもどったら一度日本へ行く」と手紙で言っている。

望郷の念を募らせ、帰国を真剣に考えると同時に、南米行きに心を躍らせた。戦前アメリカに移住した日本人のなかで南米に再移住した人の話や、戦後に南米移民が再開されたことを知ったのだろう、助次は南米への関心を示し、移住も考えるようになる。かつてテキサスから西原清東がブラジルにわたって農園を開いたようにだ。都市化され農業環境も徐々に厳しくなっていくフロリダより安価に土地が手に入り、大規模に農業ができる環境に、郷愁に似たものを感じていたようだ。

さらに知人が、南米ホンジュラスに広大な土地を購入し開墾することになり、助次に一緒に行かないかと誘ってきた。せめてもう少し若ければ、あるいは自分の意思を継いでくれる息子でもあったらと思うと血が騒いだ。この思いを玲子への手紙で切々と訴えた。

「あんたが男の子だったらと時々思う。あんたは進歩的で肝っ玉もある。正直で責任感が強い。私の意思を立派に継いで呉れよ—。私にはまだ百九十英町の土地がある。是を売れば、向こうで約四〇倍、七千六百英町の土地が買える。年々少しずつ切り開いてバナナ、パイナップル、ココナツ等の熱帯果樹を植付け、牧畜もやる。数年後には収穫がある。而し中々の難事業だ。口先計り達者で度胸のない今時の若い人達では夢にも及ばぬ事だ。」

中米ドミニカへ移民した日本人の移民の苦労も助次は知っていた。六二年五月ニューオリンズの総領事館に手紙を書いて、自分の持っている日本の雑誌などをドミニカに送りたいがどうしたらいいかと尋ねた。これに対して、若山新次郎領事が、ドミニカの日本大使館を通して寄贈されたらどうかと返答。助次がドミニカの日本大使館へ手紙を書いたところ、大使館より「移住者の世話機関である移住事業団サントドミンゴ支部に伝えたところ喜んでお受けし法人に回章致したいとのことです」と、丁寧な手紙が届いた。

初恋の人へ、消えぬ思慕

歳とともに助次は、故郷のことを頻繁に思い出した。手紙のなかでも幼いころのことを回想している。帰国前に自宅に植えてきた柿の木や檜、そしていくつかの果樹。子供のころ「触ると腐る」と注意された、絵に描いたように美しい桃。熟すのを待って食べ、残りは母が店に売り行った立派な桃だ。

大好きだった祖父は、宮津藩の飛脚をしていて、当時は京都から江戸の間を往復していた。東海道五十三次の面白い話をしてくれ、絵を描くのが好きだった助次に、まちへ行った帰りの土産に青や赤のインクを買ってきてくれた。祖母は小柄で優しい人だった。こうしたことを自分を慰めるように手紙に記した。

巨大なハリケーンが接近するのではないか、と心配で眠れぬ夜に書いた手紙では、幼くして亡くなった弟徳二のことに触れている。

「……眠れぬと色々と、昔の事を思い出す。先夜も私の幼いころの事を思い出した。あんた達は知らまいが、私には一人弟があった。徳二といった。二つ程、年下だった。おとなしい児で、ほとんど泣かなかった。

味噌汁や煮た麦粉の団子を箸の先に刺してやると、両手で持って、フーフー吹きながら喜んでたべた。三つの頃、ハシカ（熱病）で死んだ。母が小さな棺桶におぶさって、オイオイ泣いたのを覚えて居る。彼の石塔は墓の西北の隅にあった。高さ一尺五寸位な灰色の小判型の自然石で、戒名は何とか童子だったが、はっきり覚えぬ。」

助次の故郷を思う気持ちは、地元への寄付という形でもあらわれた。戦後まもなく弟の政兵衛が戦争犠牲者を慰霊する石碑を建てようと、宮津市民に寄付を呼びかけたとき、同時に彼は助次にも一役買ってほしいと頼んできた。

昭和三四（一九五九）年、宮津市が高台の公園のなかに慰霊のための巨大なさいころのような石碑を建てると、そのすぐそばに助次からの寄付による、三メートルほどの高さの石塔がぽつんと建った。中心部には大きく「米国　森上助次」と文字が彫り込まれた。

また六〇年に同じく政兵衛が故郷宮津の小学校改築のニュースを助次に知らせると、校舎改築にあたって、助次は五〇〇ドル（当時約一八万円）を寄付した。地元の幼稚園へも寄付を行っている。

故郷での淡い恋の思い出として残っているはつ（手紙では初子と書いている）に対しては、時と空間を超えてどうしているのか気になるばかりだった。

助次は、昭和九年に父親が亡くなって以来、音信不通だった弟の政兵衛と二〇年ぶりで手紙をやりとりした。「老いると故郷が恋しくなる……病んで寝れぬ夜など、思いは知らず、知らず故郷へ走る」と、故郷のことをしばし記したあとで、初恋の女性、鬼沢はつについていきなりきいている。アメリカナイズされているからか、恋愛についてはストレートだ。

「……お前に聞きたいのは鬼沢初子さんの事。お前も知って居る重太郎の姉さんだ。彼女は僕の初恋の人だ。馬鹿なと笑ってはいけない。他言は厳禁する。時折彼女の夢を見る。別れたときのそのままのすがただ。今はただ彼女の健在と多幸を祈るのみだ」

こう書いているのだが、その後助次は鬼沢はつに出すつもりで手紙を書いた。しかし、助次は、はつの結婚してからの苗字がわからず、住所も知らなかったので、これをひとまず政兵衛に送って、同時にはつの居所を探して渡してほしいと頼んだ。

政兵衛は、これを受け取ったときに、たまたま家に妹のふでが来ていたので、ふでにこの役目を頼んだ。そこでふでは、はつの家を訪ねたのだが、本人は留守だったため留守番をしていた少年に預けた、ということになった。

果たして、手紙は確かにはつの家には届けられた。しかし、はつの手元に本当に届いたのかどうかはわからない。また、もし読まれても、アルファベットが書けないふでが、助次のアメリカの住所を正しく書けたのかどうか……。はつから返事が来ないので、あれこれ考えた助次は落ち着かなかった。

助次はふでへの手紙でこれを確かめた。一九六〇年秋、フロリダをはじめアメリカ東海岸に大被害を及ぼしたハリケーン・ダナが襲来した。その直後の手紙で、「……時速一五〇哩の台風ダナに襲われ、フロリダ南端から東北の果てのボストンまで約二〇〇〇哩、大西洋岸に沿って荒らし回った。幸いデルレーはその中心から一〇〇哩……離れて居たので被害は免れたが、二日二晩というもの、ほとんど一睡もせず警戒した」と、報告。また、「天災も人生と同じでいい事も長続きせぬかわり、悪い事も一時だ」と、箴言めいたことを言っている。

そして、つぎにいきなりまた、はつへの話題へと飛ぶ。

「さて、初子さんへの手紙だが、何だか不安に思われる。内容はお前も知って居る通り人に知られたくない事だ。あんたが手渡したという子供さんも誰だかはっきりせぬ。手紙はその子供の家族の手に今、なお保管されているか。もうすでに捨てられたか。お前、面倒だろうが、一度、その子供なり、その家族の人に逢い、よく事情を話してはっきりした事を尋ねて貰いたい。既に捨てられて居たら……もないが、万一そのまま保存されていたら貰い返して初子へ郵送して呉れ。くれぐれも頼む。」

助次はこのとき七三歳。よほど気になったのか、姪たちにもこぼしている。「初子さんへの手紙は疑問の侭だ。着いたのか、着かなかったのか、知る由もない。」

これを知った義妹の岡本みつゑが、助次に断りなく手紙のことについて確かめようと、よかれと思ってはつの家を探しあてた。これを知った助次は、ことが大げさになってしまい、さらに手紙はどうも渡っていないこともわかり悲憤慷慨した。

「是で私の面目も丸つぶれ、一縷の望みを……して居た。一生の恋もエンドアップしたのだ。」

「誰にも秘密はある。他人の秘密は自身のと同様、まもらねばならぬ。私の秘密は哀れにも破れた。せめて今後この事には一切、口を閉じて貰いたい。」

そして、フロリダに来たころの辛い日々とはつへの思慕を語り、最後は姪の明子に相談するように書いた。

「私は新聞に広告して一八〇哩程北の地点で薪切りの仕事を見付けた。一〇哩ほどの山奥で掘立小屋に一人住んで一生懸命働いたが、一日の収入は僅か一弗そこそこであった。……国から手紙が来た。初子さんがお嫁に行った知らせであった。恋い慕う初子さんは永遠に私から去って行ったのだ。私は呆然自失、只泣くより外なかった。私は帰国を断念し、故郷との音信を絶った。爾来、五十有余年、初子さんは絶えず夢にあらわれた。先夜も私は日本に帰って居た。ホテルの一室でウッラウッラ居眠って居ると、隣の部室で母娘らしい二人の話し声が聞こえる。私は耳をすました。娘の声はまぎれもない初子さんなのだ。私がハッとした刹那、無慚にも夢は破れた。初子さんは齢既に七〇を越したお婆さんだ。

夢で見る彼女は何時も可憐な少女だ。彼女は今、京都にいる。お母さんを通して出した手紙はうけ取っていないとの事。美しい夢としてこのまま、胸中に秘して置こうか。それとも一度帰って逢うか。私には決心つかんのだ。明子だったら如何する?」

数十年経っても夢にまではつが出てくる。この手紙と前後して助次は、はつが京都市内で暮らしていることとその住所を知った。

はつとの再会を希望する気持ちもあったのか、助次は帰国へ向けて動き出した。日本を離れて半世紀以上経つ。もし帰るとしたら旅券の件も含めていかなる手続きが必要なのか、助次は、六〇年夏、ニューオリンズの日本総領事館に手紙で問い合わせた。まもなく返事があり、それによれば、もし所持している旅券が戦前の「帝国旅券」であれば、新しい旅券の発給を受ける必要があるということだった。

助次は、さっそく明治三九(一九〇六)年に発行された自分の旅券を領事館へ送り、代わりに申請書を手に入れ、必要と記された写真や手数料を添えて返信した。こうして新たな旅券を手に入れいつでも帰国できることになった。

「森上農業試験場」という夢

帰国するか、南米に行くか、アメリカに留まるか。揺れる気持ちのなか、助次の日々の生活は、畑での作物作りに向かった。岡本家を通して日本からさまざまな種子を取り寄せ育てた。本人が自分の土地を〝森上農業試験場〟と呼んだようにこれらは実験的な試みだった。最初に取り寄せた桜の種子は育たなかったので、山桜や牡丹桜で試してみた。松、楓、茶の木などをつぎつぎ植えた。「薄命よく伸ぶ旬日の寿」などと、好きな詩吟の稽古をしながらこうした作業をたったひとりで進めていった。

さらに助次は自分の土地に池や小山をつくり、果樹などを植えて庭園化し、五ヵ年計画で所有地一九〇エーカーの開発に乗り出すと言い出した。

深さ約四メートルの井戸を掘り、農具や機械類の置き場を建て、一エーカー半の養魚池をつくり、鯉などを放つ。また、池の一方に和洋折衷の住宅を建て、池の向こう側には高さ三〇メートルほどの富士山を築き、その麓には池に沿って小松を植えて、静岡にある美保の松原にみたてる。大津市の瀬田の唐橋をまねた橋も計画した。

このうち一〇〇エーカーは松林のままにし、残りは果樹園や野菜花卉類の試作場にするつもりで作業を開始した。計画は壮大だが誰ひとり手伝うものはなかった。

助次は、池づくりの作業中、落下してあばら骨を折ったことがある。自動車事故を起こして免許停止にもなった。関節炎で足腰や手の指が痛むこともたびたびで、かつての胃潰瘍の手術の後遺症なのか、腸がふさがり食べ物がつかえたこともあった。口からチューブを入れて吸い出して治療したが、このときは死ぬほどの苦しさを味わった。が、そうしている間にも作業を少しずつ続けた。まさに満身創痍の挑戦だった。

六二年七月二四日夜、かつてのヤマトコロニーの同胞で、その後マイアミに移った山内甚蔵夫妻が、自動車に乗っていて踏切で列車と衝突するという事故に遭った。この車にはマイアミビーチの開発にあたった田代重三の妻かよとマイアミに住む中村貞次の二人も乗っていた。マイアミで食品会社を営んでいた山田義一の帰国送別会の帰途のことで、四人全員が亡くなった。実は助次も彼らと同行する計画だったが、急用で行けなくなり難を逃れた。

山内は、丹後半島の出身。前年に助次が山内宅に宿泊し、久しぶりの再会に話がはずんだとき、山内から近く帰国し峰山町か宮津に住むと助次は聞かされていた。山内の死でコロニーのリーダーだった酒井醸をはじめ、丹後半島からフロリダへ開拓に来た人間はこれで助次だけになった。

この年、かつてヤマトコロニーで酒井醸亡きあと、中心的な存在だった神谷為益が、京都で八七歳の生涯を閉じた。戦前にカリフォルニアに移りそのため収容所に入っていた神谷は、戦後一時フロリダにもどったが、カリフォルニアで暮らしたのち日本に帰国し、京都で住居を構え最期を迎えた。ウェストパームビーチにある妻の墓碑には神谷の名も刻まれた。

養子を迎えたい

岡本家の長女玲子や次男の幹男は、助次と頻繁にやりとりするうちにアメリカに対する興味が増し、英語の勉強に取り組んだ。一方、独り身の助次は、姪の玲子を養子に迎えたいという気持ちが芽生えてきた。そのためには、アメリカの市民権を得ていた方が有利だからと、帰化についても考えはじめた。

助次は玲子を養子に迎えることについて三堀に相談した。そして、六三年夏、日本に一時帰国するという三堀夫妻に、玲子の母である義妹の岡本みつゑと会って、玲子をアメリカに養子にもらいたいという希望を伝えてくれと頼んだ。夫妻は頼みを受けて、京都駅近くのホテルでみつゑと会った。

助次の意向は伝えたものの、みつゑは玲子には縁談があるのでアメリカに行かせることはできない、と涙ながらに夫妻に訴えた。しかし、これまでの恩に報いるため義兄の世話をしなければいけないこともわかっていたので、代わりに妹の明子ではどうかと考えていることを三堀に話した。夫妻はこのことをフロリダに帰ってから助次に伝えた。ところが助次は納得せず、三堀に対しても不満げな様子を見せた。

初対面の人にも笑顔で対応する人なつっこさがある一方で、芯は頑固で、自分のスタイルは曲げず、プライドも高い助次は、自分の思い通りにいかないと、不機嫌さを隠さなかった。長いこと独り身で暮らし、農業を仙人のように続けてきた助次は、気むずかしい面も持ち合わせていた。

これを機に助次と岡本家の関係は一旦険悪になった。しかし、それもいつしかなかったことのように、手紙のやりとりはつづいた。その後玲子は離婚、元来アメリカにあこがれをもっていた彼女は、自らアメリカに行くことを希望した。しかし、一九六八年のこのときの助次は、かつてとは気持ちが変わっていた。玲子には旅行としてならいいが住むには勧められないといい、身内の者といて再婚の機会を待つのがいいだろうと意見した。

一人住まいの寂しさもあるが、気兼ねせず〝田舎〟で心静かに自然と暮らすのを楽しんでいると、岡本家には伝えた。

土地を寄付し名を残す

助次は三堀と知り合ってからまもなく「どうやったらここに森上という自分の名前が残りますかね」と何度か尋ねた。

最初にこの言葉を聞いたとき三堀は驚いた。

「とてつもないことをいう人だ。明治生まれとは、昭和生まれの自分とこうも違うものなのか」。

助次の言葉を新鮮にも感じた三堀は、その思いを実現するのに協力することにした。「こんなところで、偶然出会ったのもなにかの縁」。三堀はそんな気がした。

名前を残す手段として、ひとつには所有する土地を公園など公共の福祉のために自治体に寄付をするという案が考えられた。かなりの土地を所有しているが、そのわりに現金があまりない助次にとっては、まず寄付によって地方税を免除されるという特典を得ることができた。フロリダの開発は進み、デルレイビーチ市でも地価は上昇し、土地の評価と共に所有する土地にかかる税金もあがってきた。このまま持ち続ければいずれ処分するか、税金を納められず没収される恐れもあった。

一九六〇年代半ばのこと、助次はまず所有する土地の一部を、フロリダ州に農業試験場用にと寄付をした。これによって彼が老齢だったことも加味されて、地方税は以後永久に免除されることになった。

これとは別に「名前を残すための土地の寄付」として、まずフロリダ州に働きかけることにした。寄付については、三堀がグライムズ社長に相談したところ、グライムズが当時の州知事と知り合いだったことから、フロリダ州が州の公園として寄付を受けないかどうかというアイデアが生まれたのだった。

州北西部の州都タラハシーまで、三堀は、会社の飛行機をつかって州の公園担当の課長をオフィスに訪ねた。すると腰を下ろすまもなく担当者が「何エーカーを寄付したいのか」ときくので「二八五エーカーだ」と答えた。すると「州としては、公園にするための土地の寄付は、三〇〇エーカー以上なら受けます。ですからこれでは足りないので、その分はグライムズ社長が買い足して寄付するつもりがありますか」と言う。

三堀は、ボスのグライムズに電話で事情を説明、

「ジョージのために一五エーカー買うつもりはありますか」ときいた。すると、

「どうして私が買うんだ。そんなことはジョージが望まないのではないか」と、グライムズは

断った。

この結果、座って話もしないうちに結論がでて、そのまま三堀は帰らざるを得なかった。

「だめでした」と、三堀は事情を助次に報告した。

「もう、だめでしょうかね」

助次は弱気になった。

次に、助次は地元デルレイビーチ市に公園用地として土地を寄付したいと持ちかけることにした。彼としては長らくデルレイビーチに住んでいたこともあり、同市に世話になったという気持ちも強かった。

そこで助次の代わりに三堀は同市のコミッショナーにところに行き、寄付を申し入れた。しかしこれに対して同市は、該当する土地が同市の区域外で、少し離れていることや、寄付を受けてもそれにみあった開発をする余裕はない、と受け入れを断った。

「だめですかね」。さらに助次の顔が曇った。

第一〇章　八〇歳、木を植え続ける

今日植えて、明日死んでもいい

一九六五（昭和四〇）年八月九日、宮津にいる妹のふでが亡くなった。森上家では、長男の助次は若くして渡米、三男の政兵衛も家を出て宮津市内で独立。三男の米治は婿に行ったが、戦時中に亡くなってしまう。井田元治と結婚し森上の家を守ってきたふでは、家督のことなどを含めて助次に相談したいことがあり、できれば故郷に帰ってきて一緒に住んでほしいと助次に手紙で何度か訴えたことがある。だが、助次は一度も帰ることはなかった。

さぞ心細い思いをしただろうと、助次はふでのことを思い出して泣いた。このとき助次は七八歳。もう日本に行くことは考えられなかったようだ。

相変わらず〝森上農園〟の土地開発はつづいた。助次は、池を完成させると魚を放ち、周りには黒松と楓の種子を蒔いた。そうしていると、ふと郷里で植えてきた杉や檜が立派に育ったかどうか気になった。

日本から取り寄せた枇杷の種子を蒔き、桃は小粒なセイロン産と沖縄産を植え、木イチゴやアボガド、マンゴーやミカン類なども栽培した。さらに牡丹桜一本と丹波栗を植えた。

黒松、楓、南天、宇治茶、枝豆、大根の種子を蒔いたときには、黒松、枝豆、大根は立派に育ったが、宇治茶はまったく生えてこなかった。

「丁度朝の八時だ。天気予報は曇天シャワー。今日は日本の黒松と宇治茶の苗の植え替えの予定、持って来いの天候だ」と、栽培に熱中していることを手紙に書いた。

六七年二月、すでに八〇歳になっていた助次は言う。

「八〇越して木を植える。人は馬鹿など笑う。確かに馬鹿だが、私の一生の願望であり夢である。今日、植えて明日、死んでも何の悔いない」

この年の春、牡丹桜は立派に開花した。


一九六七年一二月一五日、助次はマイアミの連邦裁判所に行き、アメリカ市民権取得の申請をし、認められた。以前にも市民権を得ようかと考えたことがあった助次だが、そのときは、アメリカの政治や歴史などについての試験もあるから、自分には難しいだろうと躊躇した。また、弁護士に相談したときは、六〇〇〇ドルもの費用がかかるかも知れないと言われ、「もしそんなに金がかかるのなら、だれかが袖の下をもらうことになるのだろう。そんなことまでして市民権はほしくない」と、思った。

しかし、実際は一九五二年にできたマッカラン・ウォルター法によって、戦前の日本人移民の市民権の獲得が承認されていた。申請の費用も一〇ドルですむ。このことを助次は、地元のジャーナリストで、私立探偵でもあった女性、ヴァージニア・スナイダーから教えられた。一九六七年に助次は、デルレイビーチ市に土地を寄付したいと申し入れて断られた。そのとき取材に来たのが彼女で、以来親しくつきあうようになった。

市民権を得た日のことを助次は姪の明子に手紙で書いた。

「去る一二月一五日は私、一生の最大の記念日であった。六〇年計りの宿願かなってこの国に帰化、米国市民になったのである。新聞は写真入りで大々的に報道、祝福した。知人友人も皆喜んで呉れた。（略）今の境遇もこの国のお蔭である。（この国での成功がなければ）終戦後、長い間、あんた達への補助はできなかったろう。あんたや玲子の教育も出来なかったろう。吾々の今あるのも直接間接……この国のお蔭である」

よほど感慨深かったのだろう、当初は三年で帰国するつもりだったにもかかわらず「六〇年計りの宿願」と、言い表している。

スナイダーはデルレイビーチの市長に、助次が、市民権を得たことやアメリカという国やデルレイビーチに対して、土地を寄贈するなどしてなにか恩返しをしたいという気持ちを抱いていることを伝えた。

このことが影響したのか、六八年早々、助次はデルレイビーチの議会に招待された。本人にとっては、なぜ招待されたのか理由がはっきりしないまま最前列に座ってうとうとしていると、市長が「ジョージ・モリカミにデルレイビーチ市の名誉市民になってもらうことは、大変な喜びである」と話すのを聞いた。予想外のことに助次は驚いて最初は言葉もでなかった。集まった人々からは拍手が沸き起こる。前に出て証書を受け取った彼は、満面の笑みで集まった人に喜びの気持ちを伝えた。

これよりひと月前、ヤマトコロニー創設時からの仲間で、戦後はフォートローダーデールで造園の仕事をしていた兵庫県出身の小林秀雄が亡くなった。当初からの仲間はこれで誰も居なくなった。そして七〇年六月一八日、弟の政兵衛がこの世を去り、助次の兄弟姉妹もみな鬼籍に入った。

助次はひきつづき植栽や開発作業に熱中していた。八三歳の一九七〇年春には花卉の苗木を三〇本植え、続けてアボガド、マンゴー、パパイヤを植えた。翌年はパイナップル除草のために新しい除草機を購入した。前年の柿がみごとに実をつけると、故郷、滝馬の実家の柿を思い出した。疲れていつものようにひとりトレーラーハウスで眠ると、ネズミに足の親指をかじられた。そう遠くないところから鰐の鳴き声が聞こえた。

モリカミ・パークとヤマトロード

一九七二年を迎えると助次は盆栽用の黒松を注文し、レッドシダーの苗木五〇〇〇本を手に入れ植え付けた。「数年後には六、七尺の立派なクリスマスツリーになる」と、自慢した。畑には葱を植え、二十日大根を育てる。さらに南瓜、紫蘇を数本植え付けた。知識欲は旺盛で、農業専門誌の『現代農業』と『農業及園芸』を送ってほしい、と岡本家に手紙を書いた。

翌年の夏、助次は、直径一メートル以上もある車輪のトラクターから下りる際に、足を滑らせ、熱したマフラーにあたって大やけどをした。それでも医者には行かず自前の薬で手当をした。「生きているのが不思議なくらいだ」というほど重傷で、しばらくはほとんど体を動かすこともできず、唯一読書を楽しみにして過ごす日々が続いた。

ケガが治り久しぶりに車を運転してハイウェイに出たところ、あまりの交通量の多さに往復五〇マイルをヒヤヒヤしながら走った。路上の車は増え、周辺では宅地開発が急速に進み、まるで助次の農地を圧迫するように取り囲んできた。各地からの冬場の避寒客もずいぶんと増えてきた。スプリング・ブレイクといって春休みシーズンには、東北部から大学生たちが押し寄せてきた。

助次がフロリダに来た当初は、ビーチには人影ひとつなく、沖を通る船もまれだったことを思うとうそのようだった。助次は、ときどき故郷の宮津の海や天橋立のこと、そして文殊とよばれる智恩寺のことなどを思い出し、岡本への手紙に書いた。

「夏になると文殊を思い出す。よく釣りに出かけて内海（阿蘇海）でアジ、コチ、ハゼやタコ等よく釣れた。お寺の前にホテル兼レストランがあった。名物のチエの餅（あんころ餅）や田楽（コンニャクに焼きミソを塗ったもの）を売って居た。私はどちらも好きで……五銭をはずんだ。その頃は避暑客も殆どなくさびしかった。橋もなく橋立には船で渡った。」

記憶のなかの橋立の周辺もヤマトの周辺も静かなところだった。もし故郷に帰ってみれば、その変化の大きさに目を丸くしただろう助次は、激変するフロリダの環境のなかでも、変化の大きさに戸惑いながら、自分のライフスタイルをなんとか保っていた。

助次は静けさが失われることを憂慮し、どこかへ逃避したくなった。一度は開拓を夢見たブラジルへの憧れがよみがえった。しかし、このときはもう体力的にはかなり衰え、心臓や胃腸の具合がわるく静養することもしばしばで、足腰が立たないときもあった。パイナップルの苗付けは膝を折って地を引きずりながらどうにかこなした。それでも畑を守る気概はあり、ウサギやネズミが畑を荒らしたり、ツバメくらいの黒鳥という鳥の群れに苗床を荒らされたときは、やむなく三〇羽ほどを銃で撃ち殺した。

自分で手入れをしてきた土地をほとんど寄付することを決めていた助次は、玲子に宛てた手紙で、土地について語っている。戦後間もないころの小作をしていたころからの経緯である。

「……幸い少し儲けがあったので無理算段して土地を買った。土地はあとうけで買えた。買ったり売ったり、一時は一千英町近くの土地を持って居た時には土地の税金の支払いにも窮した。土地の値がだんだん上がって来たので、……やめて少し売った。今、ある財産は土地から儲けたので百姓からではない。州に寄付したり、友達に……たり。余りが一五〇英町ある。今は土地ブームでまだ喰うに困らぬ身になった。」

寄付については触れているが、所有する土地を公園のために寄付することについては、まだこの時は決まっていない。寄付の先が決まって公園となれば、その名称に森上の名前がつけられることもある。逆に言えば、うまく寄付できなければ名前を残すことはできない。

これまで州と市に寄付の受け入れを断られているので、残る寄付の先として考えられるのは地元パームビーチ・カウンティ（郡）だった。そこでまた三堀が、グライムズに相談して寄付が可能かどうかあたってみた。

グライムズ社長のカードゲーム仲間が郡の議員のなかにいることを頼りに、三堀はこの議員を通して議員たちの前で寄付の説明をする機会を得た。当時、パームビーチ郡の管理する公園は二十数個あったので、さらにまたもうひとつ公園を設けるとなれば、それなりの存在理由が必要になる。そこで、三堀は、

「州には何十ものカウンティがあるが、もしこの寄付を受け入れてモリカミ・パークができたなら、ここだけが日本の名前をもつ公園になります」

と、訴えた。これが功を奏したようで、ついに受け入れが決まった。回数を分けて寄付された土地は、最終的には先に州の農業試験場用地として寄付していた分もあわせて二百数十エーカーとなり、あわせてモリカミ・パークとして整備されることになった。

何年もの間に買い足されてきた助次の土地は分散していたので、郡では寄付された後に精査して、できるだけきれいな形でまとめる必要があり、さらに公園にアクセスする道路を整備しなくてはいけなかった。ここでも三堀が、カウンティ（郡）のコミッショナーにかけあって、となりのカウンティにつながる道路を整備することに成功した。そして、高速道路からこの公園に続く道路もまた整備されることになった。

アメリカの大西洋岸を南北に走るI‐95（インターステイト・ハイウェイ95号）は、一九六〇年代にフロリダ州でも建設が進み、デルレイビーチのあたりも七〇年代に開通した。このハイウェイと交差する形で、将来モリカミ・パークにつづく道路もできることになった。

道路の名前は、公聴会を開き地元の住民や有識者らの意見を聞いて決まる。ここで公園担当者らが、かつてこの近くにヤマトコロニーという日本人の入植地があったことなどを説明し「『ヤマトロード』が名前にふさわしい」と、提案した。これが認められて高速道路から八キロほど離れた「モリカミ・パーク」につづく道は、「ヤマトロード（Yamato Rd.）」と命名され、ハイウェイの道路標識に大きくその名が記された。

寄付が決まってひと安心したのだろう。助次は、「お世話になったお礼として、多年の念願」と、日本の岡本家にも伝えた。その一方で「故郷の宮津にも似たような申し出をしたが、……返事もなかった」と、同様の寄付の申し出をしたが反応がないと言っている。

アイム・ア・ミリオネアー

一九七四年三月一五日、寄贈された土地を正式にモリカミ・パークとする式典が、助次が寄贈した土地の公園予定地で開かれた。何もない砂混じりの土地に関係者が集まり、ふだんは人前に出たり新聞に取り上げられたりするのをいやがっていた助次も、この日は主役とあって珍しく背広にネクタイを締めて参列した。

パームビーチ郡のコミッショナーが、助次から寄贈された土地への感謝を示し、長年の土仕事で節々が盛り上がった助次の厚い手と握手を交わした。小雨の降るなかスコップを手に取り、公園整備開始の〝鍬入れ〟をしたときの助次の笑顔が地元の新聞で大きく紹介された。

寄付のことは新聞でいくつか報道され助次はすっかり有名になり、アメリカ各地や日本からも手紙が届き、その数は合計百通近くを数えた。しかし、これを読んだ助次は喜ぶどころかむしろあきれた。「真に喜んでくれたのは一〇通にも満たぬ。ほとんどが金の無心だ」。また、資産があることで誘拐されたりすることを恐れ、今後は許可なしに自分のことを書かないようにと新聞社に要望した。

寄付した土地で公園化の工事がはじまると、助次は「あれはもうあげたものだから」と、人前では無関心を装った。しかし、人知れずトラクターを運転して公園のなかの展示館の建設現場をしばしば見に行っていた。また、彼の住まいであるトレーラーハウスの壁には公園計画のスケッチが貼られていた。

一九七四年一二月二五日、上釜庄美が八三歳の生涯を閉じた。一九一七年にニューヨーク州からフロリダにきた上釜もまた、長年質素な暮らしをしてきた。周囲には高層のコンドミニアムが建ち並ぶなか、古びたセメントブロックでできた自宅には、古新聞が堆くつまれ、家具はほとんどない。晩年の彼は、天井にまで届きそうなほど積まれた日本の古い新聞を読みながらひとりで暮らし、隣で暮らす老齢のバハマ人女性が「内縁の妻」として彼の世話をしていた。

上釜が八二歳のとき取材に訪れた新聞記者は、その生活ぶりをみて哀れになったという。しかし上釜もまた助次のように、その生活ぶりは一見貧しく、薄汚れて見えても、実は〝大地主〟の資産家だった。上釜は野菜栽培などをしながら、一エーカー三〇ドルほどでUS1という幹線道路周辺の土地をすこしずつ購入してきた。そして、所有する土地をボカラトンでもっとも大きなスーパーマーケットに売却するなどし多額の収益を得ていた。

だが、質素倹約につとめ、唯一の贅沢は日本からわざわざ取り寄せる食品とカリフォルニアから郵送される日本語新聞くらいのものだった。人付き合いもほとんどなく、ヤマトにかかわった最後の日本人としてずっと周辺で暮らしてきたが、助次とはほとんどつきあいはなかった。

生前、彼は所有する土地を相場よりかなり安く売ってしまい、資産は少なくなっていたようだが、それでも亡くなったときは一三エーカーの土地と預金があった。銀行でみつかった一九三五年の遺言書によって、鹿児島の郷里に二人の姉妹がいたことがわかった。しかし、彼らが受け取ることができるものは、間に入った弁護士らの費用に多くを割かれたためか残した資産に比べればわずかだった。さらに、内縁の妻の姪や甥が財産の相続権を訴えた。

一方、突然彼の遺骨が送られてきた鹿児島の姉は事情がよくわからず、親戚は彼がアメリカで教育を受けるために生き、そして亡くなったということ以外ほとんど知ることがなかった。助次は、上釜の資産が弁護士らによって、都合よく処理されたと感じ憤っていた。上釜の死によりこれでヤマトの関係者で残ったものは助次ひとりになった。

パイナップルの苗を植える老人の手

晩年の助次は「アイム・ア・ミリオネアー」(私は、〝億万長者〟だ)と、ときどき胸を張った。広大な土地を所有し、蓄財もあったので資産をみれば長者である。しかし、その生活様式はミリオネアーとはほど遠いものだった。華やかなビーチリゾートがつづく南フロリダの匂いなどまったくない。

雑木林を切り開いたあとにできた、でこぼこ道を入ったところに置かれた古びたトレーラーハウスで暮らす助次。ここからほぼ毎日畑まで古いフォードのトラクターを運転して行く彼の周りだけは時間がとまっているようだった。

七五年の三月、そんな助次の暮らしぶりを見に、ひとりの日本人男性が訪ねてきた。名前は諏訪徹（アキラ・スワ）、地元パームビーチ・ポスト紙のカメラマンだ。彼は、あるとき写真部長から「デルレイビーチに広大な土地を持っている日本人がいて、いままで何回も取材しようとしたけれど、みんな断られた。うちのナンバーワンのカメラマンが行っても撮れない。きみは日本人なんだから取材してみないか」と、言われた。

諏訪は東京農大を卒業後に渡米、メキシコ湾岸のフロリダ州タンパで日本庭園に関わる仕事についた。これより少し前の一九六二年、堀江謙一がヨットで単独太平洋横断の航海に成功するというニュースが日本中を駆け巡った。若い諏訪はこれに影響され、自分もなにか冒険をしてみようと思っていたので、海外へと飛び出した。

しかし勤めて二年後に会社が倒産、どうしたものかと将来を考えていたところ、趣味で培った写真の技術を買われタンパの東三〇キロほどのプラント・シティの写真館で雇われた。それがきっかけで新聞社のカメラマンとなり、タンパ、セントピーターズバーグの新聞社を経て、一九七四年からは大西洋岸のパームビーチに拠点をおくパームビーチ・ポスト紙で働くようになった。ヤマトコロニーや助次のことは、上司に言われるまで知らなかった。

諏訪には、平日は決まった仕事があったので、休日を利用してまず助次を訪ねてみた。このころ助次は、関節炎や胃潰瘍で体調の思わしくない日が続き、二、三日だれとも口をきかないことがしばしばあった。

警戒されるといけないので、諏訪は、新聞社の人間だとは身分を明かしたもののカメラを持たず「日本から来て、パームビーチの新聞でカメラマンをしている諏訪です」と自己紹介した。すると、予想に反して助次は、ニコニコしながらとても機嫌よく迎えてくれた。ただ、諏訪が日本語で話しかけても、いつも英語で返事が返ってきた。近況など英語で気軽に話をするうちに、農業の技術に関心のある助次は、諏訪が東京農大を出ていることを知り、二人の会話ははずんだ。

そのうちどうやら助次が日本語をしっかり理解するということがわかった。トレーラーハウスのなかのテーブルの上に三省堂のコンサイスの英和と和英辞典が置いてあったからだ。また、書棚には、日本の書籍や雑誌がおさまりきれないほど並んでいた。

『アラスカ物語』（新田次郎著）、『義経』（司馬遼太郎著）、『恍惚の人』（有吉佐和子著）といった文芸書、『豆盆栽入門』、『現代農政問答』など農業関係の本、岡本家が信奉する天理教に関係する本、そして雑誌キングの別冊などの背表紙が見えた。

英語の本では「The New Garden Encyclopedia」「Organic Plant Protection」など農業関係のものが多数と、助次のライフスタイルを思わせる「Sane Living In A Mad World–A Guide to the Organic Way of Life」などがあった。

諏訪は助次の人柄について「ものすごいいい人だし、親切だ」という印象を抱いた。が、その

トレーラーハウスで暮らす［撮影：諏訪徹（Akira Suwa）］

格好たるや、「まるで乞食のようだ」と内心あきれた。薄汚れたシャツと半ズボン。薄くなったぼさぼさの髪に、細い針金のようにもじゃもじゃの顎髭を伸ばしている。四部屋ある細長いトレーラーハウスのなかは、とにかく汚れていた。

その後も何度か、休みのたびにカメラは持たずにただ助次のもとを訪ねては、パイナップル栽培のことなどをきいてみた。トレーラーハウスには扇風機があったがエアコンはなくドアはあけたままだった。普通のベッドがあったが使っていないようで、いつも小さなベッドで寝起きしていた。小柄な助次には十分だったのだろう。

汚れたテーブルの上にはインスタントコーヒーのネスカフェの瓶や調味料、アルミの皿などが乱雑に置かれていた。入り口には盆栽風の松らしきものが鉢やバケツにおさまっている。森のなかのような孤立した暮らしだが、そんなところにも畑でとれたパイナップルやバナナを直接買いに来る人がいた。

諏訪は、汚い室内や暮らしぶりをみてなんだか助次が哀れに思えた。誰か、面倒を見てあげたらいいのにな、そんな思いに駆られ、せめて掃除をしてあげようと、妻に手伝ってもらい片付けに行くことにした。

助次にそのことを話すと、構わないというので、妻と四歳になる娘を連れてきて掃除をしてあげた。助次は諏訪の妻に対しても愛想はよく、娘には何度も「かわいい男の子だ」といって喜んだ。

こうした訪問を繰り返して四ヵ月ぐらいたったころ諏訪は、

「あなたのように、日本からここへ来て、これだけの土地を残したのは珍しいので、ぜひ写真を撮らしてもらえないだろうか」と、切り出した。すると、

「オーケー」

と、助次はあっさり気持ちよく承諾してくれた。

撮影がはじまると、諏訪はときには明け方四時から助次と一日中行動をともにして、シャッターを押し続けることがあった。朝、ベッドから起きた助次は朝食をとると、フォードのトラク

パイナップルの苗をひとりで植える［撮影：諏訪徹（Akira Suwa）］

ターの荷台に、木箱に入れたパイナップルの苗を積んで、自ら運転して畑に植え付けに行く。そのうしろに諏訪も乗っていったが、あるときでこぼこ道でなにかに車輪があたって、大きく揺れた拍子に諏訪は後ろ向きに道路に転落した。いっとき、息もできないほど苦しかったが、すぐ前で運転する助次はそんなことにまったく気づかず先に進む。

ようやく起き上がった諏訪は、追いかけて行ってなんとかトラクターにとび乗った。目的地に着くと、助次は少し曲がった腰で木箱を運び出し、森を切り拓いたなかにつくったサッカーコートのように広がった畑の中に置いた。木箱をもつ腕は体の割には太く、血管が浮き立ち、葉の縁に棘のある苗木を植える大きな手は、皺が刻まれ関節は盛り上がり、指先は爪を一部隠すほど膨れていた。

ひとり自分のペースで植えていくのだが、砂地での仕事に適しているのか、助次は靴をはかず靴下だけをはいて動き回った。

マイペースの仕事ぶりは気楽な感じで、昼になると食事はせずに、「MD-2020」とラベルにある強いウィスキーのボトルを取り出し口にする。そして木陰でごろんと横になって眠ってしまう。その助次の鼻先に、飼っている小さな犬が寄ってくる。

一時間ほどすると、起きてふたたび畑にもどって薄暗くなるまで仕事をして、トラクターで帰っていった。畑の仕事をしていないときは、トレーハウスの応接間で座って本を読んでいた。

取材の間に八九歳の誕生日を迎えると、パームビーチ郡のコミッショナーらがバースデーケーキをもってお祝いに訪れた。このときはオレンジ色のシャツと茶の長ズボンをはいて迎えた助次は、訪問者との会話の最中でも、間《ま》が開くとうたた寝をすることがあった。日本食について熱心に話した助次は、「魚はどんなものでも好きだ」と言った。

諏訪は他の仕事で助次の近くを通りかかったときは、ぶらりと立ち寄ってみた。こうして撮影取材が終わったのは、最初の訪問から八ヵ月ほどたったころだった。

長い夢の果て

七五年五月、助次は運転中にトラクターがひっくり返り深いどぶのような溝に落ちた。幸い泥から這い上がることができたが、近所にはあいにく誰もいない。這うようにしてようやく半マイル近くの民家にたどりついた。

それから二ヵ月後の七月、助次は姪の玲子に宛てた手紙で、岡本家との手紙のやりとりを振り返った。

「あんた達と文通三十年近い。数百通あるが、焼き捨てるのもおしいし、始末に困っている。よければ全部送る。いつか何かの参考になるし、過去のいきさつ、追憶の何よりの好材料だ」

助次は岡本家からの手紙をすべて保管していたらしく、一方、岡本家もまた助次から三〇年近くにわたってとどけられた手紙をすべてとっておいた。

翌七六年二月二八日、すでにこのころはかなり体力的に弱っていた助次のところへ、ヴァージニア・スナイダーの夫ロスが訪れた。夫妻で助次と親しく、この日はいつものように助次の様子をうかがいにいくと、助次はかなり弱っていて起き上がることができなかった。

ロスが助次を抱えて、もってきたチキンスープを飲ませてあげた。ロスは助次から手紙を読んでほしいと頼まれた。それは、合衆国内国歳入庁から来ていたもので、ロスは「歳入庁が所得税としていくらかのお金を前もって支払ってほしいといっている」と、助次に伝えた。

すると助次は、お金は支払いたくない、かつて前もって支払いすぎてそれを取り戻すのに大変な苦労をしたことがあると話した。それほどこのとき意識はしっかりしていた。

ロスが去ったあと、長年隣人としてつきあいのあるアート・ピカリングが助次の様子をうかがいに訪ねた。助次はかなり具合がわるくても医者にはかかりたくない人だ、ということをピカリングはよくわかっていた。この夜、助次はピカリングに、マヨネーズをたっぷりつけたトマト・サンドイッチをつくってほしいと頼んだ。彼がつくってあげると助次はそれをすべて平らげた。

翌二九日の午前二時ごろまでピカリングは助次のそばにいて、そして自宅へ戻った。それから五時間後、彼が助次のところへ戻ってみると、助次はすでに息絶えていた。

フロリダに来てから七〇年、数えで九〇歳を迎えようというころ、助次は姪の岡本明子に宛てた手紙でこういった。

「九〇歳になった。七〇年経った。努力はしたが、何一つ出来なかった。只、長い夢に過ぎなかった」

助次が亡くなったことをテニスのトーナメントの取材の帰りに知った諏訪は、上司にいままで撮った写真を提出した。砂地の畑にパイナップルの苗を植える。ごろりと畑の脇に寝転んでいるところに犬が鼻をつける。トレーラーハウスのなかで小さな扇風機を前にして座る。助次のさまざまな横顔をとらえたモノクロの組み写真は、まもなく紙面を飾った。

一五エーカーを残してすべて所有する土地を寄付した助次が、死後残したものは少ない。およそ資産家の持ち物とは思えないものばかりである。

住まいとして使っていた七四年型のトレーラーハウス。それ以前に使っていた廃車になった五五年型のポンティアックのトレーラー。程度はかなり悪いが何とか走る六三年型のフォードのピックアップトラック。もやは走行できない六九年型のフォルクスワーゲンのヴァン。

大きなタイヤをはいた古いフォードのトラクターは、あらゆる作業で助次の〝片腕〟として働いたものだ。これとは別に小さいフォードのトラクターと未使用のタイヤ。用途に応じてトラクターにつけ外してつかう装備品として、土を掘り起こすためのバネ馬鍬、ブルドーザーの刃、土を運ぶバケツ。このほか、小さなものでは芝刈り機、電動のこぎり、噴霧器などの農具類。

日用品としては、パナソニックの七四年型カラーテレビ。当時三九〇ドルしたものだ。そしてコピー機や小さなタイプライター。

助次が生前に公園のためにと寄付した土地は、全体で約二〇〇エーカー。これを順次開発して、モリカミ・パークの工事は進められ、公園の中央には大きな池が広がり、そのなかに浮かぶよう

モリカミ・ミュージアムの日本庭園

にできた小島には、桂離宮を模した日本家屋が建てられることになった。

そしてこのなかをミュージアムにしようということになり、現代日本の家庭生活や風習がわかるような展示と、ヤマトコロニー誕生時の様子やその歴史を物語る写真などを掲げたコーナーを設ける計画ができた。

こうして、助次の死後一年四ヵ月たった一九七七年六月二五日、モリカミ・パークがオープンした。同じ年の九月には、彼が長年暮らしたデルレイビーチ市と彼の郷里である宮津市とが姉妹都市の関係を結んだ。その後、公園は拡張案が出されて、九三年初めには、公園への入り口に切り妻屋根の新館ができ、なかには日本の古美術品などを紹介するギャラリーが開かれ、劇場が設えられた。お茶の作法が高い位置から鑑賞できるようにしたオープンな茶室も見事に屋内にお目見えした。整備にあたっては、宮津市から多額の寄付がよせられた。

二〇〇一年には日本庭園をてがける造園家、栗栖宝一の監修のもとに、本来の日本庭園にあるいくつもの趣を再現して、これをつなぎ合わせた庭園が、モリカミ・パーク全体を形作るように完成した。

天橋立を思わせる趣向はないが、宮津の天橋立の近くに立つ「知恵の輪」の石碑と同型のものがフロリダでつくられ庭園内に置かれた。池には鯉が泳ぎ、建屋の周りには盆栽が飾られ、春には桜が咲く。

庭園内はこの地域の湿った熱気を冷ましてくれるようで、精神的に問題を抱えている人たちが、安らぎを求めて訪れることもある。静かな癒しの空間として園内を散歩する人を包み込むのだった。

訪れる人が日本食を味わえるカフェレストランもなかなかの評判で、オープンなテラスからは池をとりまく庭園の様子がみわたせる。年間をとおして、生け花や和太鼓の演奏をふくめてさまざまな季節のイベントが開催され、同時に日本文化にかかわる講座も随時設けられている。

園内は、結婚式などの会場としても利用されている。ヤマトコロニーの初期のメンバーで戦後フォートローダーデールに移った小林秀雄の孫、キム・コバヤシは二〇〇七年四月にこのモリカミ・パークで結婚式を挙げた。

これより先の二〇〇五年一一月二〇日には、モリカミ・パークで、ヤマトコロニーの入植から一〇〇年を記念して祝賀会が開かれた。そこには、かつての入植者たちの子孫やその家族など約五〇人が集まった。神谷為益の孫たちはカリフォルニアやフロリダ州内から、また、オスカー小林こと小林進の長女、スミコ・コバヤシはニュージャージーからやってきた。

日本からも沖光三郎の子孫が、そして助次の故郷宮津からは、助次の妹、井田ふでの孫にあたる井田和明らがはるばるやってきた。かつてのコロニーの様子などをとらえた写真を眺めながら、ある人は懐かしそうに、ある人は驚きをもって自らのルーツに思いを馳せていた。

モリカミ・パークは、正式には、Morikami Museum and Japanese Gardens（モリカミミュージアム・アンド・ジャパニーズ・ガーデンズ）といい、公園の運営は、パームビーチ郡と非営利組織の Morikami Inc.（モリカミ・インク）が担っている。

この公園の敷地から少し離れたところに「Lake Biwa Pavillion（琵琶湖展示館）」と名づけられた憩いの場所がある。池があって、近くでピクニックができるようになっている。ここはかつて助次がトレーラーハウスで暮らしていたところで、池は彼が琵琶湖を模してつくったものがもとになっている。

助次が孤軍奮闘して手がけようとした、果樹園のある公園化計画は果たせなかったが、彼の土地は、おそらく彼が想像もしていなかった美しい形になって生まれ変わった。

しみじみいう。

「森上さんに、見せたかったね」と、公園化に尽力しモリカミ・パークの運営に携わる三堀は

助次は生前、自分の墓について予定していたところがあったようだ。亡くなる六年ほど前の一九七〇年に、弟の政兵衛が森上家の菩提寺である宮津の智源寺に墓を建てたときのこと。「先祖代々の名前が彫ってあり、私の名は如何にするか、（政兵衛が）聞いてきた。私は孤独浮草な老人だ。こちらの墓は決めてある」。そう岡本家への手紙で書いている。

しかし、助次が決めたという墓については、具体的に明らかにならなかったようだ。結局助次の遺骨は、死後しばらくモリカミ・パークに保管されていた。その後京都市で暮らす義妹の岡本家に引き取られた。

岡本家では、助次のために〝本物の〟琵琶湖に近い滋賀県内の霊園に墓を建て遺骨を納めた。一方、森上の家を継いだ井田家では、智源寺にある森上家の墓に助次の名を刻んだ。同じ墓には助次の父母が眠っている。この墓地には、酒井醸の先祖が眠る酒井家の墓もまたある。

フロリダのモリカミ・パークでは、遺骨はないものの庭園の一角に、森上助次の墓石を建てた。その隣には沖光三郎と酒井醸の二人の名を刻んだ墓石が並んでいる。さらにここから北に三〇キロ離れたパームビーチの墓地には、ヤマトコロニーを企画したが志半ばで病に倒れた酒井醸の遺骨が眠っている。

パームビーチはまた、キーウェストまでの鉄道敷設計画を推進し、酒井らを入植へと引き込んだ大富豪、ヘンリー・フラグラーが白亜の豪邸を建て、晩年を過ごした地である。五五部屋もあるホワイトホールと名づけられたこの建築物は、のちにフラグラー・ミュージアムとなり、金ぴか時代のアメリカの遺産として、またフロリダ開発の歴史の象徴として、いまも威容を誇っている。

鉄道計画とヤマトコロニーがはじまったころ、フロリダの人口は五二万人だったのが、助次が亡くなったころには八七〇万人に膨れあがり、ビーチ沿いはコンドミニアムやホテルが建ち並び、その周辺や内陸部までもリゾートや住宅地として開発されてきた。上空から見れば、新しいまちが、スワンプ（湿地）のなかに枝分かれして実を結んだ果実のように広がっている。

コロニーを偲ばせるものはもはや見当たらない。ただかつて入植まもない日本人たちがピクニックでしばしば訪れたジャップ・ロックだけは、その後ヤマト・ロックと呼び名を変えて、ビーチの一画にいまもうっすら形を現している。

フラグラーの大計画の余波を受けて、わけもわからず南フロリダにやってきた森上助次もまた、若いころ仲間とともにこの岩場に足を運んだ。それから七〇年弱、生涯独り身で一度も日本へ帰らず独自の生活を貫いた助次は、この地に確かに「森上＝Morikami」という名前を残した。そして「ヤマト＝Yamato」という名もまた残った。

エピローグ――京都市右京区

宮津とフロリダ以外ほとんど足を運んだことがなかった助次が、日本を離れる前に滞在した京都市内。日本最後の思い出の地として、助次が散策した京極界隈から西に四キロほど行くと西院という私鉄の駅がある。

二〇一二（平成二四）年九月、この西院界隈で、私は五〇年以上前に助次が書き残した鬼沢はつの住所を訪ね歩いた。果たして半世紀も前の住所がそのままになっているか不安だったが、表通りと裏通りを行きつ戻りつしているうちに、細い路地の住宅のなかにようやく「小谷」という表札をみつけた。はつの結婚後の苗字である。インターホンを押し、手短に用件を告げた。

応対してくれたのは、七〇歳前後の物静かな男性で、はつの孫にあたる小谷英與さんだった。突然の訪問の非礼を詫びて、取材の意図を伝えると話を少しうかがうことができた。それから九ヵ月ほどして、助次の周辺のことがさらにわかってから、再びおじゃますることになった。

森上助次は、七〇歳近くになってはつに手紙を送っていた。過去を振り返る日々のなかで初恋の人への思いが断ち切れなかったようだ。助次が親戚や知人に宛てたと思われる手紙の数が大量であることを考えると、はつにも何度にも渡って書いたと思われる。しかし、少なくとも岡本家に宛てた助次の手紙では、はつからの返事について触れていなかった。ひょっとすると、助次のはつへの手紙は、いまでいえばストーカーのように一方的なもので、受け取ったはつには迷惑だったのではないだろうか。

そんな心配を勝手にしながら、小谷さんに手紙のことなどを詳しく尋ねてみた。すると、

「森上さんから手紙が来ていたのは知っていました。うちの祖母もなつかしそうに読んでいましたよ」

と、小谷さんが教えてくれた。なるほど、決して助次の一方的な便りではなかったのだ。助次が渡米する前二人が何かを約束したのかどうかなど、関係については知る由もなかったが、はつが不快には思っていなかったことは確かだった。

小谷さんが教えてくれたはつの人生もまた、助次とはちがった意味で決して単調なものではなかった。助次が渡米してから三年後の一九〇九（明治四二）年、はつは、宮津の高等女学校を出てまもなく親のすすめで結婚。相手は同じ宮津出身で国鉄につとめる小谷直忠で、小谷家は代々宮津藩の藩士だった。しかし、財力はなく大工の棟梁をつとめるはつの実家、鬼沢家の方が裕福だった。

結婚と同時に、夫の勤務地の関係ではつは神戸へ越した。その後一時鳥取県の米子に転居、再び神戸に移った。しばらくして直忠は国鉄を退職、神戸市の交通局に勤めた。その後印刷屋をは

じめたのではつもこれを手伝い、最後はおもちゃ屋を切り盛りした。

一九三八（昭和一三）年に夫、直忠が五二歳で病死。このときすでに長女富美は嫁いで家を出ていたし、まもなく次女花枝も嫁に行き、末っ子の長男直孝は東京大学農学部に進学した。ひとり神戸に残ったはつは、上京して東京・新大久保で長男と暮らすことにした。

ところが、直孝が三年生の時に病気で亡くなってしまう。東京に留まる意味のなくなったはつは、中国・上海で暮らす次女、花枝の家族のもとに行く。その後花枝の夫邦與が応召し任務のため一家は旅順へうつった。しかし、中国での戦況の行く末に不安を覚えて、はつはひとり郷里の宮津へ戻った。

まちなかの長屋でひとり暮らしているうちに、中国での戦況が悪化して、花枝が子供二人を連れて今度は、はつのところへ身を寄せてきた。終戦を迎えると、花枝の夫邦與も宮津へ引き上げてきたので、食糧難の時代でもあり、まちはずれに畑のある家を借りてみんなで暮らした。

このあと一九五〇（昭和二五）年に邦與一家は横浜へ引っ越し、はつはひとりになるが、それもつかの間花枝が病気になり再び宮津へもどりまた一家ははつと暮らす。まもなく花枝が亡くなる。邦與はその後再婚したが、すでに小谷家の養子になっていたので、はつはひきつづき邦與一家五人と宮津で暮らした。

一九六〇（昭和三五）年、一家は京都市内に引っ越した。はつもこれに付いていき、邦與が亡くなったのちは、邦與の長男で、小谷の家督を継いだ、はつの孫にあたる小谷英與さんの家族と晩年をともにした。
　はつに助次から手紙が届いたのは、京都に引っ越す少し前からだったようだ。それから二〇余年たった一九八二年六月、はつは九一歳の誕生日を迎える直前に亡くなった。助次が亡くなってから六年後のことだ。

「実は、私も森上さんに手紙を出したことがあるんです。中学三年か高一のころだったでしょうか、アメリカへの憧れが強かったんです。アメリカの新聞に森上さんが取り上げられた記事を、森上さん自身が祖母に送ってきたことがあり、それを私も見て、こんなに成功している人がいるんだと知り、自分もアメリカに行ってみたいと書いて送ったんです。しかし、森上さんからは、『こんなにしんどい仕事を日本から来てやるほどのことはない』といった返事が来ました」
と、小谷さんは微笑んだ。小谷さんの目にはアメリカの新聞に載る助次は偉人と映っていたようだ。はつが助次に返事の手紙を書いて送るときに、小谷さんも自分からの手紙を同封したそうだ。

「森上さんから祖母に来た手紙が少しだけ残っています」と、小谷さんが三通を見せてくれた。消印は、一九六〇年一二月、六五年一二月、六六年一二月、とある、どれも〝年賀状〟で、書かれている言葉はほとんど同じだった。

六一年正月のあいさつは、パームツリーと海のスケッチがあるきれいな封書に入ったカードで、「小谷初子様」と表書きしてある。印刷された「The Season's Greetings」の横には、縦書きで、

「新年お目でとう　御健勝を　祈ります　森上助次」

と、達筆なペン書きでひとこと記してあり、その隣に、

GEORGE　S. MORIKAMI
P.O. Box 1375
Delray Beach, Florida

と、スタンプが押してあった。

六六年の年賀状には、名前の横に「八十才」とあった。おそらく毎年出していたのだろう。また、年賀状のほかにも送っていたことは確かで、はつも返事を書いていたと思われる。助次同様に、はつも読書好きで、字がとても上手だったという。

私は小谷さんと話しながら、二人は手紙でいったいどんなやりとりをしたのだろうかと想像してみた。おそらく大半は、わずかな時間を共有した故郷の昔話ではなかったろうか。

おもな参考資料

『宮津市史　通史編下巻』宮津市史編さん委員会（宮津市役所、二〇〇四年）
『峰山夜話　上巻』小林茂著（丹後勤労者文化団体連盟、一九七三年）
『中郡一斑　峰山案内』（淀徳書店、一九一一年）
『特別展図録　丹後縮緬』（京都府立丹後郷土資料館、一九八九年）
『資料天橋義塾下巻』（宮津市教育委員会ほか、一九七九年）
『横浜と絹の百年』（横浜生絲取引所、一九九四年）
『京都府の歴史』朝尾直弘ほか著（山川出版社、一九九九年）
『立身致富　海外渡航案内』朝報社編纂（楽世社、一九一一年）
『最新渡米案内』山根吾一著（渡米雑誌社、一九〇四年）
『渡米之秘訣』片山潜著（渡米協会、刊行年不明）
『日米週報　Japanese American Commercial Weekly　1905~1906』（日米週報社）
『米國日系人百年史　発展人士録』（新日米新聞社、一九六一年）
『アメリカに生きた日本人移民　日系一世の光と影』村山裕三著（東洋経済新報社、一九八九年）
『アメリカ西部開拓と日本人』鶴谷寿（ＮＨＫブックス、一九七七年）
『海を渡った日本人』岡部牧夫著（山川出版社、二〇〇二年）
『一攫千金の夢　北米移民の歩み』筒井正著（三重大学出版会、二〇〇三年）

『アメリカ大陸日系人百科事典』アケミ・キクムラ＝ヤノ編、小原雅代訳（明石書店、二〇〇二年）
『大陸国家アメリカの展開』野村達朗著（山川出版社、一九九六年）
『新書アメリカ合衆国史②　フロンティアと摩天楼』野村達朗著（講談社現代新書、一九八九年）
『テキサスの日系人』T・K・ウォールス著、間宮國夫訳（芙蓉書房出版、一九九七年）
『西原清東研究』間宮國夫著（高知市民図書館）
『カリフォルニア移民物語』佐渡拓平著（亜紀書房、一九九八年）
『歩みの跡　北米大陸日本人開拓物語』藤岡紫朗著（歩みの跡刊行後援会、一九五七年）
『米国初期の日本語新聞』田村紀雄・白水繁彦編（勁草書房、一九八六年）
『戦前期の旅券の変遷』柳下宙子著（外交史料館報第一二号（一九九八年六月）
『日本外交文書デジタルアーカイブ大正二（一九一三）年第三冊六　外国人土地法以外ノ諸問題　3「フロリダ」州ヘノ日本人移住問題』

「The Morikami Newsletter December, 1983」（Morikami Museum & Japanese Gardens）
「The Morikami Newsletter July, 1984」（Morikami Museum & Japanese Gardens）
「The Morikami Quarterly August, 1985」（Morikami Museum & Japanese Gardens）
「The Yamato Colony, Japanese Pioneers in Florida Prepared by the Staff of The Morikami Museum, 2005」（Morikami Museum & Japanese Gardens）
「Yamato Florida　A Japanese Farming Village Between Palm Beach and the Everglades」Sumiko

Kobayashi, April 2008
「"Yankees of the Orient": Yamato and Japanese Immigration to America」Joanne M. Lloyd (Florida Atlantic University, 1990)
「The Spanish River Papers, May 1973」(Boca Raton Historical Society)
「The Spanish River Papers, October 1977」(Boca Raton Historical Society)
「The Spanish River Papers, February 1980」(Boca Raton Historical Society)
「The Spanish River Papers, Spring 1985」(Boca Raton Historical Society)
「The Spanish River Papers, August 1993」(Boca Raton Historical Society)
「Konnichiwa Florida Moon The Story of George Morikami」Virginia Aronson (Pineapple Press.Inc. 2002)
「Yamato Colony, Florida」Jesse Russell, Ronald Cohn (Lennex Corp 2012)
「New York University's Stern School of Business, A Centennial Retrospective」Abraham L. Gitlow (NYU Press 1995)
「Soul Survivor」Virginia Snyder (Palm Beach Life May 1993)
「Yamato Colony: A Japanese Presence in South Florida」George E. Pozzetta and Harry A. Kersey, Jr. (Tequesta: The Journal of The Historical Association of Southern Florida, number 36 1976)
「Foreign Colonies in South Florida, 1865-1910」George E. Pozzetta (Tequesta: The Journal of The Historical Association of Southern Florida, number 34 1974)

「The Yamato Colony During World War II」Ana M. Soto（The Tustenegee Volume 3, November 2, October 2012）
「Henry Flagler Visionary of the Gilded Age」Sidney Walter Martin（Tailored Tours Publications 1998）
「Last Train to Paradise」Les Standiford（Broadway Paperbacks 2002）
「A History of Boca Raton」Sally J. Ling（History Press 2007）
「Interview with Mr. George Morikami（June 11, 1974）」（University of Florida Digital Collection）

その他、モリカミ・ミュージアムが所蔵する資料やフロリダ・アトランティック大学図書館所蔵のバージニア・スナイダー・コレクションのうちモリカミ関係の資料を参考にした。また、フロリダ州内で発行された新聞記事のうち、古くは一九〇三年から近年まで、ヤマトコロニーや森上助次など日本人の動静について報じたものを参考にした。

あとがき

日米修好通商条約の締結百周年を記念して、一九六一年『米國日系人百年史―在米日系人発展人士録』という本が出版された。当時ロサンゼルスにあった新日米新聞社という日本語新聞を発行している会社が編集し発行した。

一四三一ページもある大きな国語辞典のような本は、おもに日本人の一世の足跡を、全米に渡って詳細にまとめているのが特色だ。例えば、「アイダホ州に日本人が最初足跡を印したのは……」という形で具体的に記している。可能な限り、人名をはじめ出身地（県名町名など）、生年月日など細かい情報が書かれている。

まだ、アメリカという国土にはフロンティアがいたるところにあり、白地図がほとんどだったような時代。この本を読み通すと、いかに明治維新後に日本人がこの国に大挙してわたり、白地図を埋めるように、各地へ広がって働き、定着していったかがわかる。

海外移住は、大いなる意志に基づく冒険である。ほとんどの人が言葉もわからず、なんの保証もないなか、新しい世界を切り開いていこうと挑戦した。しかし、近代から現代へと、社会も国家も激変するなか、個人の身の上には自分の意志ではどうにもならないことや思いがけないことが起きる。実際、日系アメリカ人については、日米戦争という心を引き裂かれるような複雑な事態が起きてしまう。

その一方で、努力すれば報われる潜在的な可能性が高い時代でもあり、波にうまく乗って成功した人も数多くいる。そんなダイナミズムを、多くの移民一世や二世の生涯は物語っている。

フロリダ州での足跡をみれば、酒井醸はじめ多くの入植者は、日本に留まることに閉塞感を覚え、留学ののち大志を抱いてフロリダ州南部に入植する。当時、アメリカはヨーロッパ諸国を経済的に追い抜いて、さらなる開発により成長を続けようとしていた。ロックフェラーとともにスタンダード石油を経営したヘンリー・フラグラーという大富豪は、キーウェストまで鉄道を敷き、フロリダ半島の開発に乗り出す。この大事業のうねりの一端に、丹後縮緬で蓄積された資本を借りて酒井醸らの入植事業ははじまった。

崇高な目的ではじまったコロニー建設は、農作物の収穫も上がり滑り出しは好調だった。しかし、やがて多くのものが自然環境の厳しさや地価の高騰もあって、農業に見切りをつけてコロニーを去った。

一方、農民の森上助次は、コロニー建設の大義などとは関係なく、失恋の痛手もあってお金を稼ぐ目的で海を渡る。成功して帰国したら果樹園を開き、失恋相手にもう一度プロポーズをしようと心に誓っていた。しかし、さまざまな面でこちらも思ったようにことは運ばず、一度も帰国しないうちに、仲間うちでは最後のひとりになってしまった。

それでも、少しずつ買いためた土地を地元に寄付して、それが自分の名前を冠した公園となってフロリダに名前を残すことができた。また、この功績が縁となって、助次の故郷の京都府宮津市とフロリダ州のデルレイビーチ市は姉妹都市となり、いまも高校生同士の交流などが行われている。

こうして助次は、姉妹都市の縁結びをして、フロリダで日本文化を紹介するきっかけをつくり、二つの国をつないだ功労者となった。しかし、そのわりには助次が実際何を考え、どんな人生を送ったのかなど、彼に関する細かいことは明らかになってはいない。一例を挙げれば、助次は宮津市に小学校の校舎の建て替えのため寄付をしているが、その記録は地元には残っていない。不思議に思いあちこち調べてみると、フロリダ・アトランティック大学の図書館などでわかった。

フロリダと宮津をつなぐといえば、同じ宮津出身の酒井醸の存在と彼のアイデアはいわば原点である。しかし、彼については記録や資料などはまったくといっていいほど地元にはない。関心を持たれた形跡もない。例えばニューヨーク大学を出たことも、地元ではわからない。モリカミ・ミュージアムの資料にそう書かれているのを頼りに、ニューヨーク大学の図書館に行くと、ようやく古い卒業名簿のなかから Joe Sakai の名前を発見して確認できたほどだ。

このほか、コロニーの初期からのメンバーの小林秀雄については、その孫にあたるキム・コバヤシから「ルーツをたどったがわからなかった」という話を聞いたので、渡米時の旅券にある住所を頼りに兵庫県の日本海側を訪ねたところ、当時の場所にいまも親戚が住んでいることがわかった。海を渡る前と後の小林家の歴史がこれでつながった。

九州・中津藩の最後の藩主奥平昌邁の二男で、留学後にコロニーに投資した奥平昌國については、ようやく親族の古い住所がわかったことがきっかけで昌國の関わりが少し理解できた。

誤解を恐れずに言えば、およそ日本社会は外へ出て行った人には冷たい。田舎を出て都会で働くことや、海外へ移住することをかつては「故郷を捨てた」などということからも想像がつく。海外へ渡った人のことは、有名人やなにか遺業を成し遂げた人以外、日本では忘れられがちだ。

その意味からして、アメリカ移民の歴史に関しては『米國日系人百年史』の意義は大きい。しかし、アメリカで日系社会に向けて出版された特殊な本で、それ以前の日本社会とのつながりは詳しくはない。一方、この本にある一世についてのドキュメントは、残念なことにアメリカの日系社会にはほとんど伝えられていない。二世、三世は日本語をあまり理解しないからだ。残された記録があるのに読まれず、詳しい事実も語り継がれない。

こうして、移民が誕生する背景や、その後の物語についてはひとつのつながった歴史として残されていない。アメリカでの日系人の歴史研究もあるが、あくまでアメリカの歴史のなかの位置づけである。

しかし、移民の物語は二つの国や文化にまたがる話である。当事者の心も二つの間で揺れることがある。助次が日本に帰ろうかどうしようかと、さんざん考えていたようにだ。

こうした現実がわかるにつれて、私は、助次や酒井釀のように二つの国と文化を生きた無名の人たちの生き方を、大きな時代のうねりと重ねてひとつの物語としてまとめてみたいと思った。同じ日本人である自分もまたフロリダでわずかながら足跡を残したという思いも、このテーマに取り組みたいと思った理由である。

こうしてあとがきを書くときを迎えて、今回もまた多くの方々に時間を割いて取材に協力していただいたことに、まずなにより深く感謝しお礼の言葉を捧げたい。

フロリダのモリカミ博物館・日本庭園のみなさん、とりわけ三堀俊治（ジェームズ三堀）さん、千栄子さん夫妻には「モリカミ」を訪れるたびに、助次との出会いや「モリカミ」が誕生する経緯などについて説明いただいた。元館長のトーマス・グレガセンさん（Mr. Thomas Gregersen）からは、ヤマトコロニーに関わるさまざまな事柄について、資料の提供を受けたばかりか、数多くの質問に答えていただき、おかげでいくつもの疑問を解決できた。

幼いころからコロニーで育ち、長年暮らしてきたタモツ・コバヤシさん（Mr. Tamotsu Kobayashi）からは、長男のキム・コバヤシさん（Mr. Kim Kobayashi）の協力で、貴重な昔話を聞かせていただいた。ニュージャージーに住む、スミコ・コバヤシさん（Ms. Sumiko Kobayashi）は二歳までコロニーで暮らした。彼女が長い時間をかけてまとめたヤマトコロニーについてのレポートがなければ、当時の暮らしぶりを具体的に知ることはできなかった。さらに古い資料としては、神谷為益が長年にわたってつけていたぶ厚い日記帳が「モリカミ」に保管されている。農作業の苦労を中心に仲間との交流などが英語まじりでつづられている。

資料や過去の記録という点では、助次と晩年つきあいのあったヴァージニア・スナイダーさん（Ms.Virginia Snyder）のコレクションをはじめ、ボカラトン・ヒストリカル・ソサエティ（Boca Raton Historical Society）やデルレイビーチ・ヒストリカル・ソサエティ（Delray Beach Historical Society）の資料などが大変参考になった。いつも思うのだが、アメリカの図書館や地域の郷土資料館は実にオープンで親身なって調べものについて相談に乗ってくれるのでありがたい。

マイアミビーチについては、タシロ夫妻（Mr. Joseph Tashiro & Ms. Yoko Tashiro）の話とタシロ家に残された写真から、開発初期の様子について知ることができた。

テキサス州の取材では、日系アメリカ人市民連盟ヒューストン支部のゲーリー・ナカムラ支部長（Mr. Gary Nakamura）のアレンジで、かつての入植者の近親者であるヒラサキ家（The Hirasaki family）、サカイ家（The Sakai family）のみなさんと会い、かつての入植現場を案内していただくなど貴重な体験をした。

日本での取材では、森上助次の妹の孫にあたる井田和明さんを宮津の自宅に何度か訪ね、森上家について話をうかがい、近隣を案内していただいた。そこは、助次が渡米前に過ごした家でもあり子供のころの助次が遊んだ場所だった。助次の弟、政兵衛の孫の森上政人さんにもお会いできた。若いころの助次にまつわる話では、地元の楠田敦子さんが貴重な情報を提供してくださった。

助次の姪にあたる三濱明子さん（旧姓岡本）からは、助次が生前岡本家に送った膨大な手紙を拝借した。大切に保管されたこの手紙には、故郷のことなども書かれていて、これらがなかったら彼の実践しようとしていたことや心情は理解できなかっただろう。

この達筆な手紙を判読してくれたのは、私の新聞記者時代の大先輩にあたる谷亀貞雄さんで、私だったらとてつもなく時間がかかっただろうこの作業を成し遂げていただいたおかげで、本書が成り立ったといっても過言ではない。手紙と同様に助次の実像に迫るという点では、諏訪徹さん（Mr. Akira Suwa）が撮影した晩年の助次の写真も貴重だ。アメリカで長年活躍してきた諏訪さんはこれら写真の使用を快く許可してくださった。

同志社で学んだ酒井釀の渡米前の動静はほとんどわからないが、大宮季武さんからはこの疑問に対する答えのヒントを教えられた。このほか、酒井釀の孫にあたる水戸部浩さんや親戚の酒井協さん、酒井隆子さんにもお会いできた。

また、コロニー参加者の出国の状況などについては、沖光三郎の孫の沖守弘さんがご自身で調べられた情報なくしては全体の理解は進まなかった。奥平昌國については、孫の奥平一惠さんが歴史に詳しく、奥平家の関わりを含めた細かい情報を教えてくださった。

助次の初恋相手、小谷はつについては、孫の小谷英輿さんからのお話で、助次との交流の様子がわかったほか、姪にあたる山崎輝子さんからもその横顔を知ることができた。

宮津や丹後半島には、コロニー参加者と彼らを生んだ背景について調べようと何度となく足を運び、同市役所の横谷宏明さん、永濱智恵美さんには取材の際の便宜を図っていただき、宮津市立図書館の岡本知子さんには、最後まで調査にご協力いただいた。同市教育委員会の河森一浩さんや京丹後市教育委員会の新谷勝行さんからは郷土史の観点から話をうかがった。

入植事業を実現させた資力を生んだ縮緬産業については詳しくしりたいところだったが、いまも丹後縮緬の製造販売をする吉村商店の吉村孝道さん、緑さん夫妻や、研究者である北野裕子さんのお話からなんとか全体像が把握できた。また、京丹後市の毎日新聞記者、塩田敏夫さんの紹介で貴重な話に出合うことができた。

助次らが乗った船や太平洋航路に関わることでは日本郵船歴史博物館の脇屋伯英さんのお話で明確になったことがあった。当時の旅券に関することなどでは外務省外交史料館より、酒井醸の経歴を知る上では、ニューヨーク大学、同志社大学の両図書館より、多大なご協力を得た。

アメリカへの日系移民全体に関わるさまざまな疑問についての調査では、海外移住資料館の小嶋茂さんにご協力を、また日系移民の研究家でもある津田塾大学前学長の飯野正子さんからは貴重なアドバイスと励ましの言葉をいただいた。須藤達也さん、あわやのぶこさん、神田稔さんらアジア系アメリカ人研究会のみなさんとの交流は、取材を持続する力となった。そして、原稿の最終段階で苦闘しているときの友人たちの援助は決して忘れることはない。

振り返れば、フロリダでの一年間の生活をはじめ、その後も多くの友人、知人との交流があり、フロリダとの関係が継続したことでここまでたどり着くことができた。長い付き合いの友人、知人たちにもこの場を借りてお礼を申し上げたい。

かつてホスト・ファミリーとしてお世話になったルイス夫妻（Dr. Roger K. Lewis & Ms. Elizabeth Lewis）、同じくロモリエロ夫妻（Mr. Lou Lomoriello & Ms. Isilda Lomoriello）。いつも声をかけてくれたアレキサンダー夫妻（Mr. Robert Alexander & Ms. Shiiko Alexander）。

初めてのフロリダ滞在以来、訪れるたびにお世話になる新聞記者のノーリン夫妻（Mr. Robert Nolin & Ms.Maya Nolin）。ロバートさんの弟でミュージシャンの同じくノーリン夫妻（Mr. Christopher Nolin & Ms. Sadako Nolin）。マイアミで長年貿易の仕事をしてきた尾崎賢助さん、友子さん夫妻。いつも温かく迎えてくれた、こうした人たちのおかげで取材が継続できたと痛感し、深く感謝する。

このほかにもたくさんの方々に、一つひとつの取材の折々にお世話になった。お名前はすべて挙げられないが、どうかお許しいただきたい。

最近、テレビで世界のさまざまな場所で暮らしている日本人にスポットをあてた番組が人気のようだ。現地でのレポートから「へぇー、こんなところに日本人が」とか、「なんでまた、この人はここにいるの」という、素朴な驚きと疑問が湧いてくる。

ヤマトコロニーの日本人は、おそらくそんな「驚きの日本人」の先駆けではないだろうか。何でこんなところに、誰が何の目的で……。本書も、そんな素朴な疑問とともに、意志と運命が交錯するところで生きてきた、名もない人たちの物語として読んでいただければ幸いである。

二九年前、アメリカで一年を過ごした場所がたまたまフロリダだったが、アメリカもフロリダも、その後自分にとってはかけがえのない人生経験の地となった。そうした経験の機会を得ることを当時快く承諾してくれた家族と関係者に、遅ればせながら感謝の気持ちを届けたい。

旬報社の木内洋育さんとは、これまでにも福祉関係やノンフィクションなど、さまざまな本の出版にあたり共同作業をしてきた。最後に、本書の出版にも理解を示してくれた木内さんにお礼の言葉を申し上げ、筆を擱く。

二〇一五年六月

川井龍介

著者紹介

川井 龍介（かわい りゅうすけ）

1956年神奈川県生まれ。慶応大学法学部卒業後、毎日新聞社に入社。退社後1986年から1年間、フロリダ州のデイトナビーチ・ニュースジャーナル紙で研修。帰国後雑誌編集などを経て独立。

作者不詳の歌「十九の春」のルーツを探りながら沖縄、奄美などの戦後史秘話を追った『「十九の春」を探して』（講談社）、青森の弱小高校野球部の青春群像を描いた『122対0の青春』（同）などのノンフィクションをてがける。近刊に『伝えるための教科書』（岩波ジュニア新書）、『フリーランスで生きるということ』（ちくまプリマー新書）。日系アメリカ人作家ジョン・オカダの小説『ノーノー・ボーイ』の新翻訳を旬報社より年内にも出版予定。

Ryusuke Kawai is a Japanese journalist and nonfiction writer. He graduated from Keio University with a B.A. His journalism career began at The Mainichi Newspapers in Japan. He worked with Daytona Beach News-Journal in Florida for one year from 1986 to 1987.

大和コロニー―フロリダに「日本」を残した男たち

2015年8月5日　初版第1刷発行

著　者　川井龍介
装　丁　坂野公一（welle design）
発行者　木内洋育
発行所　株式会社 旬報社
〒112-0015 東京都文京区目白台2-14-13
TEL 03-3943-9911　FAX 03-3943-8396
ホームページ http://www.junposha.com/
印刷製本　シナノ印刷株式会社

ISBN978-4-8451-1415-3